Tanja Stern
Geheime Skandale

Tanja Stern

Geheime Skandale

Verschwiegenes aus dem Kalten Krieg

Stern, Tanja: Geheime Skandale
Verschwiegenes aus dem Kalten Krieg
1. Auflage 2017
ISBN 978-3-938105-31-3
Satz und Cover: Tanja Stern
unter Verwendung des 1941 entstandenen sowjetrussischen
Antispionageplakates "Не болтай!" (Nje boltai/Schwatze nicht)
von Nina Vatolina
Bei den Fotos handelt es sich entweder um Aufnahmen der Autorin (S. 10, 23, 24, 30, 78, 83) oder um Bildnisse aus dem Bereich
der Zeitgeschichte im Sinne des § 23 Abs. 1 Satz 1 KunstUrhG.

Teil I

DDR

Raketensonntag

Wie den Russen in der Uckermark ein Munitionsdepot um die Ohren flog

Dannenwalde bei Gransee ist ein idyllischer Flecken in der Uckermark. Eine Kirche, ein Herrenhaus, ein stiller See. Es ist schwer zu glauben, dass sich unweit von diesem idyllischen Dorf einst ein Zerstörungspotenzial konzentrierte, das an einem Spätsommertag des Jahres 1977 leicht zu einem Tschernobyl für Mitteleuropa hätte werden können.

Schon die Nazis hatten im Wald bei Dannenwalde ein Munitionsdepot mit Bunkern errichtet. „Muna" nennen es die Dannenwalder. Der Ort liegt günstig: versteckt und abseits, doch zugleich in moderater Nähe zur Hauptstadt an einer gut ausgebauten Landstraße. Das gefällt offenbar auch den Russen, als sie nach Kriegsende den Osten Deutschlands besetzen. Sie bauen das Munitionsdepot aus und riegeln es hermetisch ab. Kein Mensch erfährt, was dahinter vorgeht. Oft rollen Transportzüge durch Dannenwalde, doch welche Güter sie befördern, bleibt für die Einwohner unsichtbar – bis zum „Raketensonntag", dem 14. August 1977.

Es ist ein schwülwarmer Tag, und am frühen Nachmittag zieht ein schweres Gewitter auf. Wahrscheinlich ist es ein Blitzschlag, der die Katastrophe auslöst. Heute weiß man, dass die Russen sowohl Raketenkörper als auch Munitionskisten einfach im Freien gestapelt hatten. Auf jeden Fall beginnt nach dem einen Gewitter plötzlich ein ganz anderes in Dannenwalde, und es kommt nicht vom Himmel, sondern aus dem Depot: Da heult es, da zischt es, und da krachen Explosionen. Die älteren Einwohner, die im Krieg waren, erinnern sich noch gut an den heulenden Ton, der den Einschlägen vorausgeht: Das sind die gefürchteten „Katjuschas" oder „Stalinorgeln", die schon Hitlers Wehrmacht das Leben schwer machten. Diese Raketenwerfer, die üblicherweise von Fahrgestellen aus gezündet werden, sind zwar nicht besonders zielgenau, doch ihre Reichweite und Sprengkraft ist enorm. Jetzt schlagen sie wieder ein, zu Dutzenden, zu Hunderten, sie scheinen von allen Seiten zu kommen. Auf den dicht gestellten Raketenstapeln in dem Munitionsdepot entzünden sich die Sprengkörper gegenseitig und entfachen eine Kettenreaktion, durch die es wieder und wieder zu unkontrollierten Explosionen kommt. Schon steigt schwarzer Qualm aus den Wäldern auf. Es stinkt nach Schwefel wie in der Hölle, und das Krachen hört und hört nicht auf. Wer religiös ist, könnte meinen, der Zorn Gottes sei über das Depot gekommen.

Die Dannenwalder greifen ihre Kinder, verlassen fluchtartig ihre Häuser. Wer ein Auto hat, gibt Gas, bloß weg von diesem heulenden, krachenden Inferno! Aber damals hat nicht jeder ein Auto, also suchen viele Einwohner zu Fuß in den umliegenden Wäldern Schutz. Am Bahnhof Dannenwalde steht ausgerechnet jetzt ein Munitionszug auf dem Gleis, einer jener geheimnisvollen Transporte, die für die Muna bestimmt und für Deutsche tabu sind. Im Angesicht der Katastrophe setzen sich die Bahnarbeiter von Dannenwalde über dieses

*Ungute Erinnerungen: Einsatz von Katjuschas
im 2. Weltkrieg*

Tabu hinweg, und tatsächlich gelingt es ihnen, den tödlichen Zug aus der unmittelbaren Gefahrenzone zu rangieren.

Doch Gefahr droht nicht nur in Dannenwalde. Die Katjuschas haben eine Reichweite von bis zu 15 Kilometern. Aus 23 umliegenden Dörfern werden Einschläge gemeldet. Schon laufen die Telefone heiß. Die Regionalbehörden bieten im Depot ihre Hilfe an, werden jedoch zurückgewiesen. Die Russen selbst sind offenbar ratlos, wie sie die Lage in den Griff bekommen sollen. Schließlich entscheiden sie sich für den Einsatz von Räumpanzern, um die Raketenstapel auseinanderzuschieben und so die Explosionen zu stoppen. Doch die Panzer werden von weither geholt und brauchen Stunden, um nach Dannenwalde zu kommen. Den ganzen Nachmittag heulen und krachen die Katjuschas. Mit todesverachtender Tapferkeit schleppen die russischen Soldaten Munitionskisten aus dem Lager heraus; angeblich sollen sie sogar versucht haben, aus eigenen Kräften die mörderischen Raketenkörper auseinanderzuschieben. Dabei muss es zahlreiche Todesopfer unter ihnen gegeben

9

haben. Wie viele genau, weiß bis heute niemand. Die Russen hüllen sich in hermetisches Schweigen. So gern sie in passenderen Fällen den Heroismus des russischen Soldaten preisen, an diese Opfer gibt es kein Gedenken – offiziell existieren sie gar nicht. Die Deutschen haben nach der Wende versucht, anhand der seinerzeit bestellten Zinksärge die Anzahl der getöteten Soldaten zu ermitteln. Sie dürfte zwischen siebzig und zweihundert liegen.

Erst am Abend rücken endlich die Räumpanzer an, ziehen die Stapel der Raketenkörper auseinander. Gegen acht sind die Einschläge verstummt. Das Inferno ist vorüber, doch zum Aufatmen gibt es keinen Grund. Überall liegt Munitionsschrott, kilometerweit im Umkreis. Systematisch werden die Wälder durchkämmt, die explodierten Raketen eingesammelt und auf Lastern abtransportiert. Die Dannenwalder zittern, wenn die Laster mit ihrer gefährlichen Fracht durch die Ortschaft

Friedlich-verschlafenes Dannenwalde. Kaum zu glauben, dass hier einst die Katjuschas durch die Gegend flogen.

fahren. Noch härter trifft es die Bewohner des nahege-
legenen Fleckens Barsdorf. Dort werden auf einem
Übungsgelände die defekten Raketen in die Luft ge-
sprengt. Die Druckwellen lassen Fensterscheiben bers-
ten, setzen Elektrogeräte außer Betrieb. Die Anwohner
beschweren sich, doch die sowjetischen Waffenbrüder
sind unantastbar. Noch bis weit in den Herbst hinein
wird weitergesprengt. Als 1992 die sowjetischen Truppen aus Deutschland abziehen, hinterlassen sie Berge
von Munitionsschrott. Noch 2006 findet man bei Dannenwalde 270 vergrabene Katjuschas, die mit äußerster
Vorsicht geborgen werden müssen.

Dabei läuft die Katastrophe noch glimpflich ab. Die
Zündköpfe der Katjuschas waren glücklicherweise aus-
gebaut, und die kilometerweit umherschwirrenden Ge-
schosse richten zwar erheblichen Sachschaden an, doch
auf deutscher Seite sind weder Tote noch Verletzte zu
beklagen. Mit Erleichterung registriert man, dass auch
das Atomkraftwerk Rheinsberg, das kaum zehn Kilometer vom Unglücksort entfernt liegt, keinen Treffer abbe-
kommen hat. Damals ahnt noch niemand, dass eine
weitaus größere atomare Gefahr vom Munitionsdepot
selbst ausging: In einer Bunkeranlage, gerade zweihundert Meter von den Raketenstapeln entfernt, befand
sich ein hochgeheimes „Sonderlager", in dem aller
Wahrscheinlichkeit nach Nuklearwaffen gelagert wurden. Wären diese in die Reaktionskette der Explosionen
einbezogen worden, so hätte das den Lauf der Geschichte in mehr als einer Hinsicht verändern können.
Zeitzeugen, die die Räumungsarbeiten nach dem Raketensonntag miterlebten, sprechen überdies noch von
gewissen gelb beringten Granaten, die in den Wäldern
aufgefunden wurden: Die Russen hätten sie „wie rohe
Eier" behandelt und unverzüglich abtransportiert.
Wahrscheinlich handelte es sich um chemische Waffen,

und auch hier mag sich nur ungern ausmalen, was sie möglicherweise hätten anrichten können.

Die DDR-Regierung, gut über all das informiert, grämt sich um die Gefahr für die Bevölkerung wenig. Sie hat, wie stets in solchen Fällen, nur die eine Sorge: dass von dem Vorfall irgendetwas ans Licht der Öffentlichkeit oder gar in den Westen dringen könnte. Man beseitigt unauffällig die Schäden, fabelt den unmittelbar Betroffenen etwas von einem „Brand" vor und verpflichtet alle, die Bescheid wissen, zum Schweigen. Noch jahrelang sollen sämtliche Briefe, die aus Dannenwalde in den Westen abgingen, von der Stasi streng kontrolliert worden sein.

Auf russischer Seite wird weiterhin eisern über das Debakel Dannenwalde geschwiegen. Es besteht eine offizielle Schweigepflicht für die Dauer von vierzig Jahren, doch Experten vermuten, dass selbst nach 2017 diese Schweigepflicht nicht gebrochen wird. Und das erscheint auch einleuchtend, denn kaum ein anderes Ereignis wirkt so entlarvend in Bezug auf den russischen Großmachtwahn, der das Unglück verschuldet hat: Es zeigt die Selbstverständlichkeit, mit der sich das Regime über internationale Konventionen und Abmachungen hinwegsetzte. Es zeigt die verbrecherische Politik, die absurde Mengen an Munition und Waffen produzierte und hortete, während das Volk in Armut lebte und zur Sparsamkeit angehalten wurde. Und es zeigt nicht zuletzt auch die bodenlose Dummheit, mit der all diese Sprengkraft gelagert wurde. An dieser Grundhaltung, die zur Katastrophe führte, hat sich auch lange nach dem Ende der Sowjetunion nichts geändert. Wer weiß, wie viele Dannenwaldes es noch in den Weiten Russlands gab und gibt.

Das Contergan der DDR

Wie durch eine Impfung Tausende von jungen Frauen mit Hepatitis C infiziert wurden

Im bitterkalten Winter 1978/79 verzeichneten die Krankenhäuser der DDR von Sachsen bis zur Ostseeküste plötzlich zahlreiche Neuzugänge von Frauen – jungen Frauen, die größtenteils nie zuvor gesundheitlich auffällig gewesen waren. Alle hatten kürzlich eine Geburt oder Fehlgeburt hinter sich gebracht, alle litten an Magenschmerzen, Übelkeit und chronischer Schwäche, und alle zeigten alarmierende, für ihr Alter ganz erstaunliche Leberwerte; einige schwebten gar in Lebensgefahr. Was war diesen Frauen geschehen?

Auf der Suche nach der Quelle des Übels wurde man in Halle fündig. Am dortigen „Bezirksinstitut für Blutspende und Transfusionswesen" (BIBT) hatte einige Jahre zuvor der Serologe Dr. Wolfgang Schubert einen neuartigen Impfstoff entwickelt: Er nannte sich „Anti-D-Prophylaxe" und sollte verhindern, dass Frauen mit rhesus-negativem Blut Antikörper gegen ihre künftig auszutragenden Föten bilden. Da sich dieses Phänomen üblicherweise erst bei der zweiten Schwangerschaft zeigt (bei der ersten kommt es zu einer Mischung des Kindes- mit dem Mutterblut), genügte eine kleine

Vom Hätschelkind zum Buhmann des DDR-Gesundheitswesens: Dr. Wolfgang Schubert

Spritze unmittelbar nach der Erstgeburt, um die junge Mutter dauerhaft gegen die Antikörper zu immunisieren.

Das gefiel den Altvorderen der DDR. Das Verfahren versprach nicht nur eine erfreuliche Erhöhung der Geburtenrate, sondern zeugte auch von der Vorbildlichkeit und vom progressiven Geist des sozialistischen Gesundheitswesens. Dr. Schubert erhielt für seine herausragende medizinische Leistung den mit 40.000 Ostmark dotierten Nationalpreis Erster Klasse, und die Anti-D-Spritze wurde zur Pflichtimpfung in der DDR erhoben. Das bedeutete, dass niemand sich die Mühe nahm, die zu impfenden Frauen über den Hintergrund der Maßnahme aufzuklären oder auf mögliche Risiken hinzuweisen. Sie wurden schlicht gebeten, den Arm auszustrecken, dann piekste es ein bisschen, und fertig. Sollte dieser kleine Piekser jetzt die massenhaften Erkrankungen unter den jungen Müttern ausgelöst haben?

Die Kontrolle ergab, dass dies tatsächlich der Fall war: Es fand sich eine Blutplasmaspende, deren Empfängerin an Hepatitis erkrankt war. Man hatte Dr. Schubert die Erkrankung gemeldet, und er hatte die betreffende Charge gesperrt. Nun stand aber der Mann just um diese Zeit unter gewaltigem Produktions- und Erfolgsdruck: Seinem Institut oblag die Produktion des Anti-D-Serums für die gesamte DDR, und zwar, wie in der sozialistischen Wirtschaft üblich, auf der Basis einer festen Planvorgabe. Doch das Blutplasma, aus dem man den Impfstoff gewann, musste von einer ganz speziellen Art sein, die nur selten zu haben war. Wenn es nicht genügend Plasma gab, konnte man nicht genügend Serum produzieren – man konnte den vorgegebenen Plan nicht erfüllen, und das war damals die größte Sünde für einen DDR-Betrieb.

Als der Engpass sich abzuzeichnen begann, wandte Schuster sich an seinen Vorgesetzten Professor Friedrich Oberdoerster, den Direktor des Staatlichen Kontrollinstituts für Seren und Impfstoffe in Ostberlin. Schuster schlug ihm vor, entweder die Serumgaben eine Zeitlang auszusetzen oder das benötigte Blutplasma mittels Devisen aus dem „NSW", dem nichtsozialistischen Ausland zu besorgen. Oberdoerster reagierte ungehalten: Ein Aussetzen der Impfung komme nicht in Frage, und schon gar nicht werde man für Blutplasma kostbare Devisen ausgeben. Man erwarte von Schubert, dass er das Problem mit eigenen Mitteln löse. „Sie sind als Produzent des registrierten Präparates entsprechend den arzneimittelgesetzlichen Bestimmungen verantwortlich für die Lieferung einer ausreichenden Menge in der geforderten Qualität und auch dafür, dass es ohne Unterbrechung zur Verfügung steht."

So unter Druck gesetzt, traf Schubert eine Entscheidung, die Tausenden von Frauen zum Verhängnis werden sollte: Er hob die Sperre für die verdächtige Charge des Spenderplasmas wieder auf und brachte sie, mit anderen Substanzen verdünnt, in die reguläre Impfstoffproduktion. Was mochte in ihm vorgegangen sein? Zweifellos hielt er das Serum für hepatitissicher und war überzeugt, dass sein Vorgehen kein Unheil anrichten würde. Doch inwieweit er auch von Ehrgeiz und Karrieredenken geleitet wurde, von dem Wunsch, sich bei der Obrigkeit lieb Kind zu machen, von der Angst, bei der „Planerfüllung" zu versagen – niemand wird es je erfahren. Vermutlich wusste er es nicht einmal selbst.

Die Folgen seines Handelns übertrafen noch die schlimmsten Befürchtungen: Obwohl Dr. Schuster das zweifelhafte Serum nach Kräften verdünnt und verpanscht und verteilt hatte – oder vielleicht gerade deshalb –, war kaum eine der Frauen, die es bekommen hatten, von der Infektion frei geblieben. Damals wusste man noch wenig über Hepatitis. Man kannte Hepatitis A und B – alle anderen Hepatitisformen wurden unter der verschwommenen Bezeichnung „Non-A non-B" zusammengefasst. Man wusste auch nicht, inwieweit eine Ansteckungsgefahr für die Kontaktpersonen der Erkrankten bestand. Deshalb entschloss man sich zu einer Maßnahme, die für die betroffenen Frauen und deren Familien sehr schmerzlich war: Man nahm die Frauen in Quarantäne. Lange Wochen und Monate, bis sicher feststand, dass die befürchtete Ansteckung ausblieb, verbrachten sie isoliert im Krankenhaus, getrennt von ihren Familien, von ihren Babys, die zumeist erst wenige Wochen alt waren. In den vorhandenen Zeitzeugeninterviews sieht man sie noch nach Jahrzehnten mit den Tränen kämpfen, wenn sie den Abschied von ihren Kindern schildern.

*Die DDR sah ihr Gesundheitswesen als Teil
eines überlegenen Gesellschaftssystems.*

Sie litten zum Teil unter massiven Beschwerden, doch niemand redete Klartext mit ihnen. Im Gegenteil: Wie stets in solchen Fällen trat auch hier sofort wieder die große Vertuschungsmaschinerie in Kraft, die für die DDR so typisch war. Im Sozialismus durften Fehler nicht vorkommen, schon gar nicht auf einem Prestigegebiet wie der Anti-D-Prophylaxe, wo die DDR europaweit eine stolze Vorreiterrolle spielte. Deshalb trug man von Anfang an Sorge, dass diese peinliche Geschichte der Öffentlichkeit und insbesondere dem „Klassenfeind" verborgen blieb – eine Sorge, die weitaus größer war als diejenige um die erkrankten Frauen. In den 1960-er Jahren hatte die DDR genüsslich aus dem bundesdeutschen Contergan-Skandal propagandistisches Kapital geschlagen; solche Schweinereien, hieß es damals, könnten im Sozialismus nicht passieren. Jetzt wurden die Ärzte strikt angewiesen, den Frauen keinerlei Auskunft über Art und Ursache ihrer Krankheit zu geben. Sie sollten glauben, sie seien Ausnahmen in einem sonst zuverlässig funktionierenden System. Zwar erschloss sich den Frauen, die ihre Quarantäne in jeweils abgeschlossenen Gruppen hielten, allmählich der Zusammenhang zwischen der Anti-D-Spritze und ihren Beschwerden; doch bis zum Ende der DDR hatten sie nicht die geringste Ahnung, dass damals landesweit alle Krankenhäuser Quarantänegruppen wie die ihre bargen.

Erst viele Jahre später entdeckte man das Virus, das ihrer Krankheit ein Bild und einen Namen gab: Es war Hepatitis C, eine besonders tückische Form der Hepatitis, die unbehandelt oftmals chronisch wird. Die Symptomatik ist höchst unterschiedlich, von fast völliger Schmerzfreiheit bis hin zu lebensbedrohlichen Zuständen. Deshalb kann man in den Medien auch stark schwankende Opferzahlen lesen. Die Palette reicht von unter zweitausend bis hin zu fast siebentausend Fällen. Fakt ist, dass die Infektion schon 1980 ein Todesopfer forderte, eine 23-jährige Frau aus Görlitz, die der Infektion erlag.

Doch auch die Spätfolgen der Hepatitis C sind nicht zu unterschätzen: Wenn das Virus nach Jahrzehnten Blutkreislauf und Leber beherrscht, drohen Karzinome oder Zirrhosen, die die Lebenserwartung drama- tisch verkürzen. Viele der damals infizierten Frauen leiden heute an schweren Leberschäden, und der Staat gibt jährlich Millionensummen für ihre Behandlung und Entschädigung aus. Dazu kommen empfindliche psychische Schäden: Häufig geht Hepatitis C mit Antriebslosigkeit und Depressionen einher, und das Bewusst- sein, sich durch eine ungewollte und womöglich gar nicht notwendige Impfung die Gesundheit für immer ruiniert zu haben, wirkt auf die Betroffenen niederdrückend. In Selbsthilfegruppen versuchen sie, sich gegenseitig in ihrer Not zu helfen.

Die Schuldigen an dem Medizinskandal haben die Wende nicht mehr erlebt. Dr. Schubert wurde, wie es sich anbot, zum alleinigen Sündenbock gestempelt und mutierte vom Hätschelkind zum Buhmann des DDR-Gesundheitswesens. Nach der ersten internen Anhörung durch eine Expertenkommission sah es noch so aus, als würde er mit einer Verwarnung davonkommen. Doch als Wochen später eine weitere verunreinigte Charge seines Impfserums in Umlauf kam – eine direkte Folge der ersten Verseuchung –, war sein Schicksal endgültig besiegelt. In nichtöffentlicher Gerichtsverhandlung wurde der Stab über ihn gebrochen, und ausgerechnet Friedrich Oberdoerster, der ihn kürzlich noch zur Planerfüllung antrieb und so das Unglück provozierte, trat dabei als Zeuge und Gutachter auf. Schubert wurde zu zwei Jahren Haft verurteilt. Natürlich verlor er seine Arbeit, die Approbation wurde ihm aberkannt. Zwar musste er die Haftstrafe nicht antreten, doch er war und blieb ein gebrochener Mann. Seine letzten Lebensjahre verbrachte er in völliger gesellschaftlicher Isolation und mit haltlosem Alkoholkonsum. Er starb ironischerweise an Leberversagen.

Friedrich Oberdoerster indessen blieb bis zu seinem Tod im Jahre 1984 Direktor des Staatlichen Kontrollinstituts für Seren um Impfstoffe in Ostberlin. Er stand in höchstem gesellschaftlichen Ansehen und wurde mit zahlreichen Orden geehrt. Kein Mensch kam je auf den Gedanken, ihm eine Mitschuld an der Verseuchung anzulasten, und aus DDR-Sicht ist das nicht ohne Logik: Oberdoerster anzuklagen hätte bedeutet, das DDR-System anzuklagen, seinen Planwirtschaftswahn, seinen Weltniveau-Wahn, seinen ideologischen Unfehlbarkeitswahn. Genau hier aber liegt, neben der verhängnisvollen Fehlentscheidung Dr. Schuberts, die zweite Ursache der Katastrophe von 1979, und diese ist es, die den eigentlichen Medizinskandal ausmacht. Die erkrankten Frauen wurden nicht nur Opfer eines sich selbst überschätzenden Arztes, sondern ebenso auch Opfer eines sich selbst überschätzenden Gesellschaftssystems, das die eigene makellose Fassade höher schätzte als die Gesundheit seiner Bürger.

Monumente der Angst

Wie die DDR-Führung das Land mit einem Netz von Atombunkern überzog

Von jeher wurden unterirdische Bunker als besonders wirksamer Schutz vor einer feindlichen Umgebung betrachtet. Doch erst in den Jahren des Kalten Krieges, als die Großmächte einander waffenstarrend bedrohten, begann man in großem Stil Bunker zu bauen, und zwar auf beiden Seiten des Eisernen Vorhangs. In Hiroshima und Nagasaki hatte man gesehen, was die Atombombe anzurichten vermag, und die Angst vor einer atomverseuchten Erde, die nirgendwo mehr eine Zuflucht bot und schon in der Luft, die man atmete, den Tod trug, weckte in den Menschen das Verlangen nach sicherer Isolation. Diese Angst war bekanntlich nur zu wohl begründet – erst heute weiß man, wie haarscharf die Welt bei mehr als einer Gelegenheit an der Atomkatastrophe vorbeigeschrammt ist. Ob jedoch die Bunker in diesem Fall, dem „Ernstfall", das Allheilmittel gewesen wären, das den aberwitzigen Aufwand ihrer Errichtung hätte rechtfertigen können, darf aus heutiger Sicht bezweifelt werden.

Wenn sich ein reicher Amerikaner, um seine Ängste zu versichern, einen Bunker in den Garten setzen lässt, mag man das noch achselzuckend belächeln – bitte schön, jeder hat das Recht, mit seinem Geld zu machen, was ihm beliebt. Doch die Bunker aus der DDR-Zeit wecken andere Gefühle, denn der Ex-DDR-Bürger erinnert sich noch gut, dass dieser Staat zeit seines Bestehens eigentlich nie Geld für gar nichts hatte. Ob es um die Modernisierung der Wirtschaft oder um die Sanierung von Wohnungen ging, immer hieß es, dafür fehle leider das Geld. Es gab Kleinstädte, in denen während der gesamten 40 Jahre DDR nicht eine Fassade erneuert wurde. Doch in all den Jahren, während die Häuser verfielen und die Fabriken sich langsam, aber sicher in Schrotthalden verwandelten, wurden unter der Erde Bunker gebaut, riesige Atombunker auf dem jeweils neuesten Stand der Technik, die Millionensummen verschlangen und Tausende von Arbeitskräften banden. Nahezu jedes Ministerium musste seinen eigenen Bunker haben, um das kostbare Leben des Genossen Ministers und seines Stabes wenigstens noch einige Tage zu bewahren, wenn oben die Welt in Schutt und Asche lag.

Die Bunker wurden stets an besonders entlegenen, schwer zugänglichen Orten errichtet, von Wäldern umgeben, von Stacheldraht umzäunt. Nicht einmal die Anwohner der nächstgelegenen Dörfer wussten, was in diesen Objekten vor sich ging, denn nach außen wurden sie als Truppenübungsplätze oder Wetterbeobachtungsstationen getarnt. Wer immer dort zu arbeiten hatte, und sei es nur als schlichter Klempner, musste eine Erklärung unterzeichnen, die ihm bei Strafandrohung striktes Stillschweigen gebot über alles, was er im Bunker sah. Die Genossen mögen anderen und sogar sich selbst eingeredet haben, diese Geheimhaltung gelte dem „Gegner", doch tatsächlich galt sie in erster Linie der eigenen Bevölkerung: Wir waren es, die nicht wissen durften, wie sie ihre eigene Haut zu retten planten,

Schaltzentrale der Unterwelt: Fernmeldebunker
in Kunersdorf (Brandenburg)

während sie uns den Atomstrahlen überließen - die da unten, wir hier oben.

Schon die Eingangsbereiche zu passieren, ist ein ebenso abstoßendes wie faszinierendes Erlebnis: meterdicke Wände, riesige Stahltüren mit radgroßen Riegeln und vielfachen Sicherungen, dazu gepanzerte Atomschleusen, wo man im „Ernstfall" die verseuchten Körper hätte reinigen müssen. Das ist ein würdiger Eintritt in die gewaltige, weit verzweigte Unterwelt, die sich jetzt vor dem Besucher auftut. Von langen Fluren gehen Räume über Räume ab, Treppen führen über mehrere Etagen tiefer und tiefer in die Erde hinein. Hier hätten Hunderte von Menschen im „Ernstfall" untergebracht werden können. Man läuft auf sogenannten schwingenden Fußböden: schwingend durch Federn, die hier eingelassen wurden, um die Stöße von etwaigen Explosionen auszugleichen. Aufbau und Architektur der Anlagen folgen dem Vorbild der sowjetischen Bunker, von denen es in Russland ebenfalls heute noch etliche gibt.

Die Labyrinthe sind vollgestopft mit Technik. Schon

Energieversorgung und Klimatisierung wurden in komplexen, höchst aufwändigen technischen Systemen realisiert, denn sie sollten ja im „Ernstfall" unabhängig von der Außenwelt funktionieren. Dazu kam ein ausgeklügeltes Filtersystem, das die Außenluft vollständig absorbierte und reinigte; das soll sehr gut funktioniert haben. Die unzähligen Generatoren, Filter und Elektroschaltkreise erforderten eine intensive Wartung, so dass mehrere Dutzend Mitarbeiter ständig damit beschäftigt waren, die Anlage am Laufen zu halten, damit sie im „Ernstfall" ad hoc funktionierte. Heute sind diese Bunker eiskalt, und die Kälte, die während der Besichtigung allmählich in den Besucher hineinkriecht, hat etwas zutiefst Symbolisches im Hinblick auf die Zeit, in die er sich versetzt sieht. Damals jedoch, als die Bunker aktiv waren – „aktiv" zumindest im Sinne einer permanenten Betriebsbereitschaft – strahlten die vielen Geräte allein schon eine derartige Hitze ab, dass die zumindest die Technikräume kaum geheizt zu werden brauchten.

Fast noch wichtiger als die Energie waren die Kom-

Stimmung heben im Atomkrieg:
Bunker-Aufenthaltsraum mit Landschaftsposter

munikationsmöglichkeiten. Im „Ernstfall" sollten die Insassen der verschiedenen Bunker sich sowohl untereinander als auch mit der Außenwelt verständigen können, vor allem natürlich mit der Führung der ruhmreichen Sowjetarmee, die im „Ernstfall" die Befehlsgewalt ausgeübt hätte. Während der normale DDR-Bürger viele Jahre auf einen beantragten Telefonanschluss warten musste, verfügten die Bunker über Dutzende von Anschlüssen, dazu über ganze Batterien von Fernschreibern und Funkanlagen, allesamt gut verschlüsselt und abhörsicher. In den Schaltzentralen findet sich auch allen Ernstes eine Direktleitung nach Moskau, ein „rotes Telefon", ganz wie in alten Spionagefilmen.

Damals kamen die ersten Computer auf, und auch sie durften bei der Ausstattung nicht fehlen. Eine solch geballte Ansammlung von alten Rechnern sieht man sonst höchstens im Technikmuseum. Die Daten wurden auf Spulen gezogen, die ebenfalls große Räume einnehmen. Fast mitleidig nimmt man zur Kenntnis, dass jede dieser Spulen eine Kapazität von etwa 10 Megabyte besaß. Alle Informationen, die man in diesen Bunkern speichern konnte, würden heute unschwer in ein Billighandy passen.

Es wurden keineswegs nur die einheimischen Robotron-Erzeugnisse verwendet. Auch modernste bundesdeutsche Computeranlagen haben dazu beigetragen, die DDR-Führung vor dem „Ernstfall" zu sichern. Der Klassenfeind war zwar nach der Marxschen Lehre dem Untergang geweiht, doch momentan in punkto Technik nun einmal überlegen; und die Genossen, die dort, wo es um die Belange der Bevölkerung ging, mit jeder einzelnen Westmark geizten, waren hier gern bereit, tief in die Devisenkasse zu greifen, damit sie das Beste vom Besten bekamen. Der Klassenfeind verdiente an den Bunkern kräftig mit.

Auch für die Rechenzentren galt das Gebot der permanenten Betriebsbereitschaft. Tagtäglich wurde übungsweise gefunkt, gesendet und telefoniert. Die Bunker waren nicht nur als Wetterstationen getarnt, sie tauschten in Ermangelung des „Ernstfalls" auch wirklich Wettermeldungen aus. Viele hochqualifizierte Techniker haben sich jahrelang mit solchen teuren Sandkastenspielen beschäftigt, während draußen über der Erde die Volkswirtschaft gegen die Wand gefahren wurde.

Verköstigt wurde die Bunkerbesatzung im Versorgungs- und Küchentrakt. Hier gab es jeweils zwei Speiseräume, einen für das Fußvolk und einen für die höherrangigen Kader; der letztere wurde allerdings zu DDR-Zeiten kaum genutzt. Im Küchentrakt lagerten auch die Wassertanks und Lebensmittelkonserven, die die Bunkerinsassen im „Ernstfall" ein paar Tage oder ein paar Wochen am Leben erhalten hätten. Bei der Gestaltung der Wohn- und Arbeitsräume haben die Bunkerarchitekten sogar ästhetische Aspekte bedacht. Konferenzräume oder Ministerzimmer wurden da schon mal in Holz getäfelt, und in den Aufenthaltsräumen für die Mannschaft hingen große Landschaftsposter an den Wänden. Vermutlich sollten sie im „Ernstfall" die Eingeschlossenen daran erinnern, wie es oben auf der Erde aussah, von der sie sich gerettet hatten. Wer immer verdammt wäre, in solch einem Raum und vor solch einem Poster auch nur einen einzigen Abend zu verbringen, dürfte sich wünschen, er wäre mit den anderen einen ehrlichen Strahlentod gestorben.

Wofür das alles? Um die Existenz der DDR zu gewährleisten? Ist denn wirklich keinem der Genossen jemals der Gedanke in den Sinn gekommen, dass man die Existenz eines Staates am besten dann gewährleistet, wenn man ihn für seine Bürger attraktiv macht? Hätte man all das Geld, all die Zeit, all die Energie und Arbeitskraft, die für den Bau und Unterhalt der Bunker verwandt wurden, in Straßen, Wohnungen, Fabriken gesteckt, die DDR-Bevölkerung hätte weitaus weniger Grund gehabt zu rebellieren. Die Bunker erinnern den Besucher an die Terrakotta-Armeen, mit denen sich die chinesischen Kaiser des frühen Mittelalters noch jenseits des Todes ihrer Macht versichern wollten: Hier wie dort ein immenser Aufwand ohne Rücksicht auf die Maßstäbe der Vernunft, hier wie dort eine gewaltige Verschwendung an finanziellen und personellen Ressourcen zugunsten Einzelner und auf Kosten des Volkes, und hier wie dort als Triebfeder die nackte Angst vor dem Tod, die irrwitzige Hoffnung, sich dank der eigenen irdischen Machtfülle selbst noch jenseits des Vorstellbaren eine bessere Position zu verschaffen. Doch am Ende bleibt nur eine Touristenattraktion, hier wie dort. Wir Besucher bestaunen die gewaltigen Monumente der Angst und belächeln den Aberglauben, dem sie ihre Entstehung verdanken.

Der Mann, der nicht aus der Mühle kam

Wie die Stasi einen Spion hinrichten ließ, der gar keiner war

Schon an der Uni gerät er in die Mühle hinein: Der gut aussehende und begabte Werner Teske hat just in Wirtschaftswissenschaften promoviert, er hat verschiedene attraktive Offerten für eine weitere akademische Laufbahn und ist keineswegs begeistert, als seine Genossen von der Staatssicherheit ihm antragen, die IM-Tätigkeit, der er schon als Student eifrig nachging, im Rahmen einer hauptamtlichen Anstellung in der Stasi-Zentrale fortzusetzen. Doch als er sich Bedenkzeit erbittet, deuten die Genossen an, dass er im Falle einer Weigerung die Universitätslaufbahn vergessen könne. Und Werner Teske hält es für das Beste, seine Genossen nicht zu brüskieren. Er wird Mitarbeiter der Staatssicherheit, nicht ahnend, dass ihn dieser Weg in einen frühen Tod führen soll.

Er arbeitet in Markus Wolfs berühmter „Hauptabteilung Aufklärung", befasst sich mit Industriespionage, steigt in der Stasi-Hierarchie zum Hauptmann auf. Von der Habilitation, die man ihm vor der Anstellung in Aus-

28

sicht stellte, ist schon bald keine Rede mehr. Werner Teske bleibt einer von Tausenden gut bezahlten Schreibtischhengsten der Firma. Er steckt für immer in der Mühle fest, in einem Leben unter ständiger Reglementierung, bis in privaten Bereich hinein. Die Frau, die er heiratet, die Freunde, die er trifft, sein Brötchengeber weiß über alles Bescheid und nimmt sich jederzeit das Recht, einen Umgang zu gestatten oder zu verbieten. Werner Stiller, einer von Teskes Leidensgenossen, dem es gelang, aus der Mühle auszubrechen, hat in eindringlicher Weise das Leben beschrieben, das die Mitarbeiter der „Firma" führten: wie sie zu keinem Außenstehenden über ihre Arbeit sprechen durften, wie sie alle im selben Wohnblock wohnten, wie die Männer an den Wochenenden gemeinsam ihre Autos putzten, während die Frauen Rosenthaler Kadarka tranken, wie sie ständig „in der eigenen Soße" schwammen.

Werner Teske leidet zunehmend an Frust. Seine Persönlichkeitsstruktur verändert sich: In den ersten Jahren hatte er noch mit Eifer und aus tiefster Überzeugung die Ideologie der DDR vertreten. Jetzt schrubbt er teilnahmslos seinen Job herunter, er flüchtet, wie nicht wenige seiner Kollegen, in den Alkohol, schafft in Größenordnungen Westgeld beiseite. Und er träumt den Traum, den damals fast alle DDR-Bürger träumen: vom „Abhauen" in den Westen, von einem neuen Anfang, vom radikalen Ausbruch aus der Mühle. Durch seine Arbeit hat er Zugang zum Grenzübergang Friedrichstraße. Auch an Devisen kommt er heran. Und an geheime Dokumente, die er als „Mitgift" im Westen präsentieren könnte. Werner Teske beginnt, solche Dokumente in der Aktentasche nach Hause zu schmuggeln. Über Jahre häuft er in der Waschküche einen kleinen Vorrat an, potenzielles Kapital für eine potenzielle Flucht. Doch natürlich bleibt es beim Potenziellen. Im

Frust und Langeweile hinter öden Fassaden: Ehemaliger Sitz der Hauptabteilung Aufklärung in Berlin-Lichtenberg

Gegensatz zu Werner Stiller ist Teske zu keinem Zeitpunkt der Mann, der seinen Träumen Taten folgen lässt. Er spielt lediglich im Geist ein paar ferne, abenteuerliche Szenarien durch, um den Alltagsfrust besser ertragen zu können, und vermutlich hätte er es bis zur Rente bei solchen Gedankenspielchen belassen.

Doch sein Chef Erich Mielke macht keinen Unterschied zwischen bösen Gedanken und vollendeten Taten. Nach der erfolgreichen Flucht Werner Stillers in den Westen werden in der Normannenstraße die Sicherheitsmaßnahmen drastisch verschärft. Auch Werner Teske gerät ins Visier der internen Ermittlungen und Kontrollen. Zuerst geht es nur um getürkte Dienstpläne und Unterschlagung von Devisen; doch einmal von den Genossen in die Zange genommen, gibt Teske bald auch seine Fluchtgedanken preis, benennt sogar selbst das Versteck in der Waschküche, wo sein Vorrat an Geheimdokumenten lagert.

Erich Mielke, der Liebhaber aller Menschen, will ein

Exempel statuieren. An Werner Stiller kommt er nicht heran, also soll Werner Teske der Verräter sein, der an dessen Stelle liquidiert wird. Obwohl Teske nie auch nur im Ansatz einen Fluchtversuch unternommen geschweige denn Kontakt zu einem westlichen Geheimdienst aufgenommen hat, wird er im Juni 1981 wegen „Spionage in einem besonders schweren Fall in Tateinheit mit Fahnen- und Republikflucht" zum Tode verurteilt. Während der Prozessfarce verhält sich Teske ausgesprochen artig und kooperativ; wahrscheinlich hat man ihm die Begnadigung versprochen, wenn er vorschriftsmäßig seine Schuld bekennt. Doch das Wort Gnade kommt in Mielkes Wortschatz nicht vor: Am 26. Juni 1981 wird Teske zur Zentralen Hinrichtungsstätte in Leipzig gebracht und durch einen sogenannten „unerwarteten Nahschuss" getötet – damals das übliche Verfahren zur Vollstreckung der Todesstrafe und immerhin weitaus humaner als die Tötung durch das Fallbeil, wie sie zuvor lange Jahre in der DDR praktiziert worden war. Teskes Hinrichtung sollte die letzte sein: 1987 lässt Honecker im Vorfeld einer Westkreditverhandlung die Todesstrafe abschaffen.

Der Fall Teske unterliegt der allerhöchsten Geheimhaltungsstufe. Prozess und Hinrichtung werden nicht einmal innerhalb der "Firma" bekannt gemacht. Auch Teskes Frau und Tochter erfahren zunächst von seinem Schicksal nichts. Später erzählt man ihnen, er hätte sich in seiner Zelle aufgehängt, während man den Ex-Kollegen etwas von einem „Unfall" vorfabelt. Und dann wird nach Teskes Person auch Teskes Name ausgetilgt; und nicht allein sein Name, sondern jede Spur von seinen Erdentagen. Sabine Teske und ihre Tochter werden umbenannt und erhalten komplett neue Dokumente und Identitäten. Sie müssen Berlin verlassen und bekommen eine Wohnung in der Nähe von Schwerin zugewie-

Werner Teske (1942 - 1981) nach seiner Verhaftung

sen. Es ist, als hätte eine Familie Teske niemals existiert. Und die von der Stasi neu erschaffene „Familie Kampf" steht unter ständiger „Betreuung" durch die Firma, die jeden ihrer Schritte konsequent überwacht. Selbst noch im Herbst 1989, als die Tochter in den Westen geht, wird der Mutter wochenlang jede Nachricht darüber vorenthalten. Die Genossen bleiben dem Gebot der Lüge treu bis in den Untergang.

Die vorzügliche MDR-Dokumentation „Mielkes Rache. Die Hinrichtung eines Stasi-Offiziers" vermittelt ein sehr differenziertes und eindringliches Bild von Werner Teske, dem wohl sonderbarsten Spion der Geschichte. Er war kein Held, nichts weniger als das – sagen wir es direkt: Er war ein Schlaffi. Werner Stiller nennt ihn „schwankend"; und tatsächlich muss das Schwanken über Jahre Teskes Lebenszustand gewesen sein: das Schwanken zwischen Traum und Tat, zwischen Anpassung und Verweigerung, zwischen Loyalität und Frust. Er war zu sensibel für den reibungslosen Dienst an seinem Staat, doch zu schwach für energischen Widerstand. Daran ist er gescheitert, mehr kläglich als tragisch, wie man konstatieren muss. Dass ein derart braver Bürger und Familienvater in der DDR zum Staatsfeind Nummer Eins avancieren konnte, mutet wie ein Hohn der Geschichte an. Aber heute genießt Werner Teske als Stasi-Opfer einen gewissen Nachruhm, und das hätte ihm sicherlich gefallen – dem jungen ehrgeizigen Doktoranden, der unter dem Druck seiner Genossen den Traum von der Universitätslaufbahn begrub und sich in die Mühle hineinziehen ließ.

Die „Böhlen" war
ihr Schicksal

Wie ein Kapitän, um Devisen zu sparen,
einen Öltanker im Atlantik versenkte

Schon seit den 1950er Jahren setzte die DDR Tankschiffe ein, um den Transport der stets dringend benötigten Ölimporte abzuwickeln. Versehen mit hässlichen Städtenamen wie „Leuna", „Bitterfeld" oder „Böhlen" kreuzten sie über die sieben Meere, und wer auf ihnen arbeiten durfte, war privilegiert und pries sich glücklich. Heute kann sich kein Mensch mehr vorstellen, was es in der DDR bedeutete, als „Reisekader für das nichtsozialistische Wirtschaftsgebiet" zugelassen zu werden. Arbeitsplätze in der Seefahrt sind per se umweht vom Duft der großen weiten Welt, doch damals waren sie vor allem deshalb begehrt, weil sie ihren Inhabern die Möglichkeit boten, den Eisernen Vorhang zu überwinden und die kapitalistische Welt zu sehen, eine Möglichkeit, die dem gemeinen DDR-Bürger verschlossen blieb. Auf hoher See unterwegs ins Paradies des Westens schien selbst der schmutzigste Heizerjob in ein exotisches Licht getaucht.

Die NSW-Reisekader, also die Angestellten, die sich

dienstlich im Westen aufhalten durften, wurden auf das Sorgfältigste ausgewählt. Nur wer als politisch zuverlässig galt, kam in den Genuss des Reiseprivilegs, denn stets war die Gefahr gegeben, dass jemand einen Landgang im Westen nutzte, um für immer am falschen Ufer zu bleiben. Die Zugehörigkeit zur SED war ein Pluspunkt, wenn auch nicht unbedingt Voraussetzung für eine Zulassung als Reisekader, und es wurde auch gern gesehen, wenn ein Kandidat in soliden familiären Verhältnissen lebte, die ihm einen Anreiz zur Heimkehr boten. Private Westkontakte waren Reisekadern streng untersagt. Schon eine Weihnachtskarte an Tante Lies in Wanne-Eickel konnte das Ende einer hoffnungsvollen Reisekaderkarriere bedeuten. Gehorsam war angesagt, strikte Befolgung der staatlich vorgegebenen Regeln. Reisekader waren die Repräsentanten der DDR im westlichen Ausland; sie wurden aus den Allerbravsten, Allertreuesten rekrutiert.

Doch so wie allzu brave Kinder, wenn sie ohne Aufsicht sind, besonders gern über die Stränge schlagen, so blieben auch die DDR-Bürger, die man von der Leine gelassen hatte, nicht immer so folgsam wie daheim. DDR-Gruppen im westlichen Ausland bildeten kleine Inselstaaten, die sich in der Isolation oft ihre eigenen Regeln setzten. Die Heimat war weit, die Versuchungen lockten, und die Freiheit, die man sich als Reisekader erobert hatte, wollte ausgekostet sein. So kam es in westlichen DDR-Kolonien nicht selten zu Verfehlungen und Übergriffen, die, wenn sie denn eines Tages bekannt wurden, die Vorgesetzten in der fernen DDR aus allen Wolken fallen ließen.

In dieser Spannung zwischen Bravheit nach außen und Freizügigkeit nach innen stand auch die Besatzung des Motortankers „Böhlen", der im Oktober 1976, beladen mit 10.000 Tonnen Rohöl, von Venezuela heim nach

Rostock fuhr. Das Schiff, in der Sowjetunion hergestellt, war seit etwa fünfzehn Jahren in Betrieb und damit schon nicht mehr das allerjüngste, doch es galt als solide und zuverlässig. 37 Menschen lebten und arbeiteten auf der „Böhlen", darunter vier Frauen: zwei Stewardessen und zwei mitreisende Ehefrauen, die den Reisekaderstatus ihrer Männer genutzt hatten, um sich Venezuela anzusehen. An Bord herrschte eine lockere und kumpelhafte Atmosphäre. Siegbert Rennecke, der Kapitän, war dem Alkohol mehr als zugeneigt. Allabendlich trank er mit seinen Schiffsoffizieren um die Wette, und es heißt, er hätte Spaß daran gefunden, gelegentlich auch andere Besatzungsmitglieder systematisch „abzufüllen". Offiziell war der Alkohol an Bord rationiert, doch Renneckes Vorrat schien unerschöpflich.

Inwieweit der Alkohol beim Untergang der „Böhlen" eine Rolle spielte, ist im Nachhinein schwer zu sagen. Überall auf der Welt stehen Seeleute im Ruf besonderer Trinkfreudigkeit, und es besteht an sich kein Grund, diesen Faktor überzubewerten. Sicher aber ist, dass die Böhlen-Katastrophe durch einen Navigationsfehler der Nautischen Offiziere ausgelöst wurde, und es kann gut

Die "Böhlen", einst der Stolz der DDR-Tankerflotte, versank im Atlantischen Ozean.

sein, dass dieser Fehler unter Alkoholeinfluss passierte. Erst kurz zuvor hatte man den „Tag der Seeverkehrskräfte" – in der DDR gab es für jeden Berufsstand einen eigenen Ehrentag – mit einem rauschenden Bordfest begossen. Auch existieren Briefe des II. Technischen Offiziers Heiko Weiß, die das laxe Regiment wie auch den starken Alkoholkonsum an Bord belegen und schwere Vorwürfe gegen den Kapitän und seine Offiziere enthalten. Doch da keiner von diesen das Unglück überlebt hat, bleibt uns ein vollständiges Bild versagt.

Wie auch immer, am 13. Oktober 1976 empfing der Bordfunker Peilsignale, die darauf hinwiesen, dass der Schiffsort nicht dort war, wo er laut Positionsbestimmung hätte sein sollen. Er meldete das unverzüglich dem I. Nautischen Offizier; immerhin steuerte der Tanker, von den Azoren kommend und die französische Atlantikküste passierend, zu diesem Zeitpunkt gerade den Ärmelkanal an, eine der meistbefahrenen Seestraßen der Welt, wo die exakte Schiffsortung lebenswichtig ist. Der Offizier aber reagierte verärgert auf die Einmischung des Funkers in die Zuständigkeiten der Navigation. Brüsk wies er ihn an, den Kurs beizubehalten und den vorgegebenen Schiffsort in die Karte zu übernehmen. Eine verhängnisvolle Fehlentscheidung, denn später angestellte Berechnungen ergaben, dass der Funker richtig lag, wie überhaupt nach dem damaligen Stand der Technik, also vor Erfindung des GPS, die Peilsignale oftmals eine exaktere Bestimmung des Schiffsorts ermöglichten als die nautischen Berechnungen, die sich lediglich auf Windstärken und Geschwindigkeiten stützten.

In der Nacht zum 14. Oktober erblickte der Wachhabende Offizier auf der Steuerbordseite einen Leuchtturm, der dort laut Positionsbestimmung überhaupt nichts zu suchen hatte. Er wunderte sich, nahm aber vorsichtshalber eine Kurskorrektur in Richtung offene See vor – nicht ahnend, dass die „Böhlen" nun genau auf die Klippen vor der Insel Ile de Sein nahe der französischen Atlantikküste zusteuerte. Kurz darauf wurde die Besatzung durch drei harte Stöße aus dem Schlaf geschreckt. Es war eine sogenannte Grundberührung, die unsanfte Kollision mit einem Felsen, der den Schiffsrumpf der Länge nach aufriss. Dann schrammte die „Böhlen" offenbar an dem Felsen vorbei oder über ihn hinweg, um ihre Fahrt vorerst ungehindert fortzusetzen.

Es herrschte schweres Wetter über dem Atlantik; in der Nacht war eine Sturmwarnung eingegangen. Und das Schiff hatte Schaden genommen; soviel konnte dem Kapitän und seinen Offizieren nicht entgangen sein. Zwar gab keiner von ihnen Order, die Größe eines etwaigen Lecks oder die Art der Beschädigungen festzustellen, doch die Grundberührung hatte jeder gespürt, und bald darauf wurde an mehreren Stellen eindringendes Wasser bemerkt. Auch fielen schon relativ früh am Morgen Echolot und Kreiselkompass aus.

Ein „normaler" Kapitän wäre jetzt über das weitere Vorgehen nicht im Zweifel gewesen. Der nächste Hafen Douarnenez lag unweit in einer geschützten Bucht und hätte, da das Schiff durchaus noch fahrtüchtig war, binnen weniger Stunden erreicht werden können. Dort hätte man die Schäden eruieren und das weitere Vorgehen mit Rostock abstimmen können. Doch Siegbert Rennecke war kein normaler Kapitän. Er war ein NSW-Reisekader, ein Repräsentant der DDR im westlichen Ausland. Es gab Grundsätze, die man ihm eingeimpft hatte: Niemals mehr Devisen auszugeben, als die Planung des VEB Deutsche Seereederei Rostock freigegeben hatte. Niemals vor dem „Klassengegner" einen Fehler bloßzulegen, der einem DDR-Bürger unterlaufen war. Und vor allem: Niemals etwas zu tun, was dem Ansehen der DDR im Ausland irgendwelchen Schaden zufügen könnte. Hätte die „Böhlen" außerplanmäßig den Hafen von Douarnenez angelaufen, wäre Ärger vorprogrammiert gewesen. Rennecke musste damit rechnen – auch wenn er nichts unternahm, um sich Gewissheit zu verschaffen –, dass Öl aus dem Tanker ausgetreten war. Hier drohten nicht nur zusätzliche Kosten, zahlbar in der kostbaren westlichen Währung, es drohten auch ölverseuchte Strände, sensationslüsterne Medien, Untersuchungen womöglich, die die Umstände der Grundberührung aufgedeckt hätten, den Navigationsfehler, den unbedachten Kurswechsel, die feuchtfröhlichen Abende an Bord... Kurz, es drohte eine Diskreditierung der DDR durch den „Klassengegner", und falls es dazu auch nur im Ansatz kam, konnte Rennecke sein Kapitänspatent vergessen.

Das mochten die Erwägungen sein, die ihn in diesen Stunden leiteten. Vielleicht hoffte er, mit dem lädierten Schiff trotz allem noch den rettenden Rostocker Hafen zu erreichen. Auf jeden Fall hielt er Kurs auf die offene See, hielt mit voller Kraft hinein in den aufkommenden Orkan, und erwähnte das kleine Malheur, das in der Nacht geschehen war, gegenüber der Besatzung mit keinem Wort. Wie immer wurden an Bord die täglichen Routinearbeiten durchgeführt, und wie immer nahm man am Morgen des 14. Oktober 1976 in der Mannschaftsmesse das Frühstück ein. Allerdings schmeckte heute der Kaffee merkwürdigerweise salzig, und es wurde berichtet, dass auch aus den Duschen salziges Wasser gelaufen sei. Sollte es ein Leck im Wassertank geben? Egal, der Kapitän ließ auch das nicht prüfen. Er wies lediglich an, den Kreiselkompass notdürftig zu reparieren und das Wasser im Maschinenraum abzupumpen. Ansonsten herrschte business as usual an Bord.

Im Laufe des Vormittags gestaltete sich die Wetterlage ungemütlich. Meterhohe Brecher schlugen über die Reling, und der Wind wurde immer stärker. Von innen leck und von außen überspült, kämpfte sich das angeschlagene Schiff weiter durch schwere See voran. Die Pumpen im Maschinenraum arbeiteten mit voller Kraft, und trotzdem stieg das Wasser stetig an. Doch eine Panik kam nicht auf, das Hierarchiedenken der Seefahrt funktionierte bis zuletzt: Für die Schiffsführung waren der Kapitän und die Offiziere zuständig, studierte Leute, die wussten, was sie taten. Die Matrosen und Maschinisten hatten nur Anweisungen auszuführen. Und Anweisungen kamen keine, zumindest keine, die sich auf eine mögliche Gefahr für das Schiff bezogen. Siegbert Rennecke stand die ganze Zeit über reglos auf der Kommandobrücke. Er ließ den Kurs nicht ändern, nicht die Rettungsboote richten. Er starrte nur apathisch hinaus auf die See, so wie ein Reh in Schockstarre auf die Scheinwerfer des Autos starrt, das es gleich überrollen wird. Und niemand fragte ihn, was er zu tun gedenke, niemand forderte ihn auf, eine Entscheidung zu treffen, niemand schüttelte ihn wie einen nassen Sack, damit er endlich, endlich in Bewegung geriet!

Um die Mittagszeit lag das Schiff bedenklich tief im Wasser, die vorderen Laderäume waren überspült, aber immer noch herrschte business as usual. Die Besatzung fand sich zum Mittagessen in der Mannschaftsmesse ein, dann zog sich, wer keinen Dienst tun musste, zu einem kleinen Schläfchen in die Koje zurück. Die Wucht der Wellen nahm weiter zu. Erste Deckaufbauten wurden zerstört, und um Viertel nach drei schlug ein gewaltiger Brecher die Fenster der Offiziersmesse kaputt. Dabei gab es unter den Matrosen mehrere Verletzte, und während sich die Männer gegenseitig verbanden, richtete der Funker die höfliche Frage an den Kapitän,

ob nicht allmählich doch vielleicht ein SOS-Ruf ange-
bracht wäre...?

Siegbert Rennecke ging mit ihm in den Funkraum, wo
bereits das Wasser die Wände entlanglief; doch während andere wichtige Maschinen und Funktionen zu
diesem Zeitpunkt bereits ausgefallen waren, arbeitete
das Funkgerät noch. Trotzdem konnte sich Rennecke
selbst in dieser Lage nicht zu einem SOS-Ruf durchrin-
gen. Er richtete lediglich in Form eines Rundrufs eine
Bergungsanfrage an die in der Nähe befindlichen
Schlepper, da sein Schiff dringend Unterstützung („as-
sistance") benötige.

Der Ruf verhallte nicht ungehört: Im nahe liegenden
Hafen von Brest lagen mehrere Bergungsschlepper bereit, die angesichts des schweren Wetters auf lukrative
Aufträge hofften. Nur wenige Minuten nach Renneckes
Anfrage erbot sich der bundesdeutsche Schlepper „Pacific", die „Böhlen" kostenpflichtig, also aus Renneckes
Sicht devisenpflichtig abzuschleppen. Und Rennecke
handelte auch jetzt noch als folgsamer DDR-Bürger: Er
lehnte das Angebot des „Klassengegners" ab. Später
brachten die Chronisten dieses Schiffsunterganges in
sämtlichen Berichten ihr Erstaunen zum Ausdruck, dass
der Mann anscheinend lieber sterben als Devisen ausgeben wollte. Bedachte er nicht, dass ein Schiffsunter-
gang für seinen Staat viel teurer als das Abschleppen
wäre? Bedachte er nicht, dass er für das Leben von 37
Menschen Verantwortung trug? Wir werden nie erfahren, was in ihm vorging; aber wenn man sich vergegen-
wärtigt, welcher Geist die DDR in den 1970-er Jahren
regierte, kann man seine Konfliktlage dunkel erahnen.

Im Übrigen wäre es für eine Bergung wohl ohnehin zu
spät gewesen. Als der Schiffskoch gegen 16 Uhr aus seinem Mittagsschlaf erwachte und an Deck hinaustrat, fiel
ihm auf, dass bereits das ganze Vorschiff unter Wasser

stand und dass fast alle Deckaufbauten von den Brechern zerfetzt worden waren. Doch da niemand diese Tatsachen einer Weisung oder auch nur einer Erwähnung würdigte, ging der Koch zur Tagesordnung über und begann – kein Witz! –, ein leckeres Abendessen für die Mannschaft zuzubereiten. Leider kam man nicht mehr dazu, es in gemütlicher Runde zu verzehren, da das Schiff nun definitiv unterging. Noch während der Koch seine Möhrchen schnippelte, kippte die „Böhlen" ruckartig zur Seite, der Maschinenraum wurde überflutet, und der Motor verstummte für immer. Man verließ fluchtartig die unteren Räume, weckte die Schläfer, teilte Schwimmwesten aus. Jetzt endlich ließ der Kapitän doch SOS funken – buchstäblich in allerletzter Sekunde, denn unmittelbar danach brach auch der Funkverkehr zusammen. Jetzt galt nur noch die Devise: Rette sich, wer kann!

Mehrere der Besatzungsmitglieder wurden von den Brechern über Bord gespült. Andere wagten selbst den Sprung in die tosende See, klammerten sich dort verzweifelt an Wrackteilen oder größeren Holzkisten fest. Wieder andere blieben verängstigt mit ihren Schwimmwesten in der scheinbar geschützten Mannschaftsmesse sitzen und warteten weiter auf Anweisungen, bis das Schiff sie mit sich in die Tiefe riss. Gegen 17 Uhr versank die „Böhlen" im Atlantischen Ozean. Bis zuletzt war kein Rettungsboot klargemacht worden, doch ein paar der Boote hatten sich losgerissen und trieben kieloben in der See. Mehreren Seeleuten gelang es, sie zu erreichen und sich an ihnen festzuhalten. Andere kletterten auf ein ebenfalls frei in der See treibendes Rettungsfloß. Und die ganze Zeit über heulte der Sturm, Starkregen prasselte hernieder, und die Brecher brachten mehrmals das Floß zum Kentern. Es muss die Hölle gewesen sein.

Jetzt fühlten die Männer an den eigenen Leibern das Öl, das die „Böhlen" geladen hatte, schweres, schwarzes, glitschiges Rohöl, das nach den Worten eines Überlebenden eine „Konsistenz wie Kerzenwachs" hatte. Es verklebte die Haut, es verstopfte die Nasen, es legte sich als dunkler Schleier vor die Augen. Wer es zugleich in Mund und Nase bekam, erstickte elend in dem öligen Brei. Doch da andererseits das Öl auch gut vorgeheizt war, hielt es die Körper der Seeleute warm und bewahrte sie zumindest vor dem Tod durch Erfrieren.

Inzwischen war der SOS-Ruf der „Böhlen" an der französischen Küste eingegangen. Eiligst wurden Hubschrauber gestartet und Rettungsschiffe ausgesandt. Doch bevor sie ankamen, brach die Nacht herein, die Sicht wurde schlechter, der Regen stärker. Der französische Schlepper „Fort Pont Chartain" konnte drei der Schiffbrüchigen von einem umgekippten Rettungsboot bergen; die anderen wurden, wie sie auch schrien und winkten, von den Rettern nicht gesehen. Und eine Stunde nach der anderen verstrich in den aufgewühlten Fluten des Atlantik. Gegen Mitternacht drehten die Rettungsschiffe ab, die Hubschrauber flogen an Land zurück. Nur der Kapitän der „Pacific", jenes bundesdeutschen Schleppers, der auf Renneckes Bergungsanfrage reagiert hatte, gab die Suche auch jetzt nicht auf. Er ließ das ganze Gebiet nochmals abfahren, und jetzt entdeckte man das Rettungsfloß, auf dem sieben Schiffbrüchige um ihr Überleben kämpften. Fünf von ihnen konnte die „Pacific" aufnehmen, doch die beiden letzten, ein Matrose und eine der Stewardessen, fanden direkt im Angesicht der Retter einen besonders tragischen Tod, als sie auf dem heftig schaukelnden Floß vom Schlingerkiel des Schiffes erschlagen wurden.

Am nächsten Morgen hatte sich das Wetter beruhigt, und die Rettungskräfte schwärmten wieder aus in der

Zerklüftete Küste der Bretagne. Felsen wie diese wurden der "Böhlen" zum Verhängnis.

Hoffnung, weitere Überlebende zu finden. Tatsächlich hatten wie durch ein Wunder ein paar Schiffbrüchige die Nacht überstanden. Ein Matrose auf einem Bootswrack wurde von den Hubschraubern gesehen und buchstäblich aus dem Meer gezogen. An einem anderen Bootswrack hatten sich ursprünglich acht Menschen festgeklammert, doch in der Nacht war einer nach dem anderen entkräftet in die schwarze See geglitten. Nur der Schiffskoch und der Bäcker blieben bei Bewusstsein, bis im Morgengrauen die Rettung durch Fischer kam, die sie vor der Insel Ile d'Ouessant entdeckten.

Die insgesamt elf Überlebenden wurden in das Krankenhaus von Brest gebracht, alle unterkühlt und völlig ölverschmiert. Das Öl, das zäh in jeder Hautpore saß und jede Körperöffnung verstopfte, bildete das Hauptproblem der ärztlichen Versorgung. Auch die Leichen, die in den nächsten Tagen vor der Ile d'Ouessant geborgen wurden, waren mohrenschwarz und glitschig von Öl. Man brachte sie ebenfalls aufs Festland nach Brest

44

und bahrte sie in einer Kapelle auf. Da lagen sie, die DDR-Reisekader, die jungen Frauen, die Venezuela sehen wollten, die trinkfreudigen Offiziere, der Devisen sparende Kapitän, die Schuldigen und ihre Opfer. Der Tod hatte sie alle gleich gemacht.

Für die Bewohner der umliegenden Küsten war die „Böhlen"-Katastrophe ein Alptraum. Über Wochen wurden Wrackteile und Leichen an den Stränden angeschwemmt. Hunderte von kreischenden Krähen, die über der Unglücksstelle kreisten, verdunkelten den Himmel über dem Atlantik. Am schlimmsten aber war das Öl, das aus dem Wrack der „Böhlen" tonnenweise austrat, bevor der Rest abgepumpt werden konnte. Es verpestete das Meer, es verdreckte die Küsten, es ließ Tausende von Seevögeln qualvoll verenden. Die französische Armee musste eingesetzt werden, um die Ölpest zu bekämpfen. Fischfang und Tourismus kamen zum Erliegen, was vor allem die ärmere Bevölkerung in den verseuchten Regionen sehr hart traf. Selbst Jahrzehnte später fand ein Überlebender, als er 2001 auf den Spuren seiner Erinnerung die Gegend besuchte, noch immer mehrere Küstenstriche der Ile de Sein mit dem Öl der „Böhlen" geschwärzt.

Von alledem erfuhr man in der DDR wenig. Dort war in erster Linie von Bedeutung, dass sich der Untergang der „Böhlen" auf französischem Territorium, also im „nichtsozialistischen Währungsgebiet" vollzogen hatte, dass also das Ansehen der DDR im Ausland Schaden zu nehmen drohte. Die Seereederei Rostock wurde zwar gleich in der Unglücksnacht vom Verlust des Tankers benachrichtigt, doch die Verantwortlichen hatten keine Eile, die Angehörigen oder gar die Öffentlichkeit zu informieren. Stattdessen entsandten sie umgehend eine Abordnung von Mitarbeitern nach Brest, die den überlebenden Seeleuten dringend einzuschärfen hatte, kei-

nerlei Informationen an den „Klassengegner" heraus-
zugeben. Die Männer wurden hermetisch vor der französischen Presse abgeschirmt und, kaum genesen,
schleunigst in die Heimat verfrachtet. An ihre Angehörigen durften sie lediglich eine Postkarte mit einem vor-
diktierten Es-geht-mir-gut-Text schreiben. Die
Geheimhaltung nach außen hatte vor allem anderen
Priorität. Erst Tage später verkündete die Seereederei
auf einer Pressekonferenz in steifen Worten eine offizielle Version dessen, was auf der „Böhlen" geschehen
war.

Die überlebenden Seeleute wurden mit Geld und Pri-
vilegien vom Staat entschädigt. Auch an Frankreich
mussten hohe Entschädigungssummen ausgezahlt werden, denn die Schiffsversicherung deckte die entstandenen Schäden bei Weitem nicht ab. Der DDR-
Regierung stießen diese Forderungen sauer auf. Noch
jahrelang wurde gefeilscht und gestritten, um die Be-
träge möglichst niedrig zu halten. Dabei hatte man
keine Bedenken, Untersuchungsergebnisse zu retu-
schieren, damit die Menge des ausgetretenen Öls möglichst gering erschien; das belegen nach der Wende
veröffentlichte Dokumente. Es war doch gar zu bitter,
dass die arme DDR für ein paar Liter Öl im fernen Atlantik gleich so viele Devisen abdrücken musste.

Selbstverständlich gab es eine eingehende Untersu-
chung des Vorfalls, erst durch die Kriminalpolizei und
später durch die Seekammer Rostock. Wie nicht anders
zu erwarten, gelangten beide zu dem Ergebnis, dass ein
„menschliches Versagen" des Kapitäns und der Füh-
rungsoffiziere die Ursache des Unglücks gewesen sei.
Und wahrhaftig, nie war die Formel „menschlichen Versagen" so zutreffend wie in diesem Fall. Ein Versagen
hatte hier gleich auf mehreren Ebenen stattgefunden,
die fatal zusammenwirkten. Da war zum Einen das, was

man ein „Leiterversagen" nennen könnte, die lockere Dienstauffassung an Bord, die häufigen Alkoholexzesse, das sorglose Austoben von der Leine gelassener DDR-Reisekader, das der verhängnisvollen Grundberührung buchstäblich den Boden bereitet hat. Da war ferner das psychische Versagen: jene merkwürdige Lähmung, die den Kapitän angesichts des drohenden Untergangs befiel und jeder Entscheidungskraft beraubte. Es handelte sich offenbar um eine Angststarre, gegen die sein Wille machtlos war. Eine solche Reaktion tritt nicht selten auf, wenn ein Mensch sich heillos überfordert sieht. Francesco Schettino beispielsweise, der Kapitän der Costa Concordia, wirkte bei der Havarie seines Schiffes in ganz ähnlicher Weise paralysiert. Zweifellos hatte man hier wie dort den falschen Mann als Schiffsführer eingesetzt, aber so etwas ist vorher nicht absehbar. Eines Mannes Eignung zum Kapitän zeigt erst die Stunde der Gefahr.

Im Fall der „Böhlen" kam jedoch zu diesen quasi klassischen Versagensmustern noch ein weiteres hinzu: das DDR-spezifische Versagen. Dieser Aspekt fand damals nirgendwo Erwähnung, doch im zeitlichen Abstand wird immer klarer, dass hier der eigentliche Schlüssel zum Verständnis der Tragödie liegt. Der Untergang der „Böhlen" wurde weder durch den Navigationsfehler noch durch die Grundberührung bewirkt, sondern durch das Unvermögen des Kapitäns, sich den Konsequenzen dieser Grundberührung in seemännisch angemessener Weise zu stellen. Seine Entscheidung, sie zu ignorieren und vor ihnen in die todbringende See zu flüchten, erscheint dem Außenstehenden bar jeder Logik; aber wer die DDR erlebt hat und sich erinnert, wie die Leute dort tickten, spürt in ihr die Art von Logik, die damals den Alltag des Berufslebens beherrschte. Es war die Entscheidung eines DDR-Bürgers, der im westlichen Ausland Mist gebaut und sich ausweglos zwischen alle Fronten manövriert hat. Weder an Rostock noch an Frankreich konnte er sich um Hilfe wenden, ohne übelste Verwicklungen befürchten zu müssen; und so blieb ihm nur noch die irrwitzige Hoffnung, das Problem vielleicht irgendwie allein zu lösen. Im Grunde muss man konstatieren, dass gerade die überzogenen Grundsätze, die man NSW-Reisekadern damals einzuimpfen pflegte – also die Forderung nach makelloser Repräsentation des Staates, das Feindbild in Bezug auf den „Klassengegner" und nicht zuletzt auch das strikte Verbot, außerplanmäßig Devisen auszugeben –, der DDR hier auf die Füße gefallen sind.

Bemerkenswert ist in diesem Zusammenhang auch die widerstandslose Bravheit, mit der die Besatzung der „Böhlen" ihrem Kapitän in den Untergang folgte. Die Konstellation ähnelte derjenigen in dem bekannten Film „Die Caine war ihr Schicksal", nur mit dem Unterschied, dass hier kein Mensch auf die Idee kam, dem durchgeknallten Kapitän das Steuer aus der Hand zu nehmen.

Gut, die Seefahrt fordert eiserne Disziplin, und darauf haben sich auch die Überlebenden der „Böhlen" berufen, wenn man sie fragte, ob denn keiner von ihnen der fatalen Entwicklung hätte wehren können. Doch eigentlich ist das gar nicht der Punkt. Die Leute von der „Böhlen" waren nicht scharf darauf zu sterben, und hätten sie die Gefahr erkannt, so wären sie vielleicht aktiv geworden. Der Punkt ist, dass sie bis zur letzten Minute von der Überzeugung geleitet wurden, „die da oben" wüssten schon, was sie tun, und dass diese Überzeugung Todesfurcht oder Panik gar nicht erst aufkommen ließ, selbst dann nicht, als man den Untergang schon fast mit Händen greifen konnte. Die „Böhlen" war ein kleiner Inselstaat von handverlesenen DDR-Bürgern, die brav in den Läden Schlange standen, sich brav in den Restaurants platzieren ließen und brav die Anweisungen ihrer Chefs befolgten, ohne deren Sinn zu hinterfragen.

Dreizehn Jahre später ist die ganze DDR untergegangen, und vieles von dem, was auf der „Böhlen" geschah, hat sich dabei im Großen wiederholt. Auch in der DDR haben die Kapitäne bis zuletzt nicht wahrhaben wollen, dass mit ihrem Schiff etwas nicht stimmte, haben bis zuletzt jede Hilfe abgelehnt, um vor dem „Klassengegner" keine Blöße zu zeigen, haben bis zuletzt business as usual betrieben, in der Hoffnung, dass ein Problem verschwindet, wenn man es verschweigt und ignoriert. Der sinnlose, vermeidbare Untergang der „Böhlen", der 26 Menschenleben forderte, lässt uns tiefer verstehen, warum der Untergang der DDR eine historische Notwendigkeit war.

Teil II

Sowjetunion

Der Biologiepapst
und seine Opfer

Wie der Bauernsohn Trofim Lyssenko
die Biologie revolutionierte

Ende der 1920er Jahre stand es düster um die Landwirtschaft in den Republiken der Sowjetunion: Eine
brachiale Politik der Zwangskollektivierung, einherge-
hend mit der Vertreibung der zu „Kulaken" erklärten
Groß- und Mittelbauern, hatte die Erträge drastisch ge-
senkt und ganze Landstriche entvölkert. In vielen Gebieten Russlands gab es Hungersnöte, die Hundert-
tausende von Menschenleben forderten. Die Sowjetunion, hervorgegangen aus einem klassischen Agrarland, sah sich genötigt, selbst Getreide zu importieren.
Natürlich hatte die KPdSU auf ihrem jüngsten Parteitag
hochtönend einen Fünfjahrplan beschlossen, dem zufolge sich die Produktion der sowjetischen Landwirtschaft zu ungeahnten Höhen steigern sollte, doch für die
Umsetzung dieses Beschlusses gab es nach logischen
Kriterien keine Aussicht.

In dieser Lage trat ein Mann auf den Plan, der den rat-
losen Parteifunktionären blühende Landschaften versprach, in einem ganz direkten und umfassenden Sinn

Trofim Denissowitsch Lyssenko (1898 - 1976)

– blühende Felder, blühende Gärten, blühende Kolchosen allüberall. Trofim Denissowitsch Lyssenko stammte aus einer einfachen Bauernfamilie und hatte sich aus eigener Kraft zum Agronomen hochgearbeitet. Er befasste sich mit Saatzucht und konnte hier auf spektakuläre Erfolge verweisen: So war es ihm gelungen, mittels der sogenannten „Jarowisation" Winterweizen so zu manipulieren, dass er als schnell wachsender Sommerweizen angebaut werden konnte. Und nun pries er die ungeahnten Möglichkeiten dieser Jarowisation: Sie könne nicht nur die Blüh- und Reifeperioden von Nutzpflanzen in jeweils wünschenswerter Weise beeinflussen, sondern ermögliche auch eine Verschiebung der natürlichen Klimagrenzen. Bald werde es möglich sein, verkündete Lyssenko, im Norden Russlands frostresistente Bananensorten anzubauen oder die Steppengebiete im Süden für den Getreideanbau urbar zu machen.

Vielleicht hätte Lyssenko für solche Postulate schon damals nur das milde Lächeln geerntet, das wir heute für sie übrig haben – wenn nicht an seiner Heilsbotschaft eine komplexe Theorie gehangen hätte, und diese Theorie harmonierte verblüffend mit dem damals die Sowjetunion beherrschenden Zeitgeist. Lyssenko propagierte das Primat der Umwelt gegenüber der genetischen Veranlagung. Nur durch Umwelteinflüsse erworbene Eigenschaften von Pflanzen, dozierte er, könnten vererbt werden. Die genetische Vererbung sei blanker Unsinn; tatsächlich gebe es gar keine Gene in materialisierter Form. Man bräuchte nur bestimmte Einflüsse auf die Nutzpflanzen auszuüben, schon fände man sie in der nächsten Generation entsprechend verändert vor; und dies sei der Schlüssel für enorme Möglichkeiten zur Steigerung landwirtschaftlicher Erträge.

Das war Musik in den Ohren der sowjetischen Machthaber, die sich anschickten, zugleich mit der neuen Gesellschaft auch den „neuen Menschen" zu formen. Sie sahen die Lehren von Marx und Lenin, auf denen ihr Gesellschaftssystem beruhte, als wissenschaftliche Erkenntnisse an und den Umsturz, dem sie ihre Macht verdankten, als historische Gesetzmäßigkeit. Nun kam zur revolutionären Gesellschaft die revolutionäre Biologie, zum „neuen Menschen" die neuen Pflanzen. Mit ihnen und mit den phantastischen Erträgen, die Lyssenkos Methoden verhießen, würde man endlich den verheißenen Sieg im Wettkampf gegen den Kapitalismus erringen.

Verhängnisvollerweise fand das auch Stalin, der damals göttergleich regierte und dessen Neigung und Wille Gesetz waren. Selbst von einfacher Herkunft und schlichtem Intellekt, sah er in Lyssenko eine verwandte Seele und ließ sich gern von ihm überzeugen. Darauf standen alle Türen dem Scharlatan offen; und er verstand es glänzend, seine Machtposition über Jahre zu festigen und auszubauen. Schon seine bäuerliche Herkunft kam ihm sehr zugute, denn die Förderung von Arbeiter- und Bauernkindern war eines der Hauptschlagworte der Epoche. Leider stammten die meisten Wissenschaftler aus dem Groß- oder Kleinbürgertum, so dass Lyssenko sich als ideales Aushängeschild für die schöpferische Leistungskraft der werktätigen Klasse anbot. Wie alle Scharlatane konnte er eindrucksvoll auftreten und überzeugend reden. Der Mann sah aus wie Rasputins kleiner Bruder; es war leicht, hinter seinem halb grüblerischen, halb dämonischen Gebaren ein genialisches Wesen zu wittern.

Von Anfang an unterhielt er einen ausgezeichneten Draht zur Presse. Journalisten lieben Sensationsmeldungen, besonders die sowjetischen Journalisten, die ausdrücklich zu positiver Berichterstattung angehalten waren. Sie schrieben emsig mit, wenn Lyssenko erklärte, dass sich Pflanzen nicht durch Genetik, sondern nur durch Hybridisierung oder Pfropfung veränderten; wenn er die Mendelschen Gesetze für falsch erklärte und die Genetik für einen Irrweg. Er propagierte die Aufzucht von Baumsetzlingen in sogenannten „Nestern", um auf diese Weise eine „Selbstausdünnung" anzuregen, bei der die Starken überlebten, während die Schwachen sich „opfern" müssten. Er erklärte, durch den konsequenten Einsatz der Jarowisation werde sich die Klimagrenze für den Apfelanbau jährlich um 50 Kilometer gen Sibirien verschieben. Er experimentierte mit den absonderlichsten Düngemittelmischungen. Er sprach sich dafür aus, die Blätter von den Baumwollpflanzen zu entfernen, und riet den Bauern, die Saatkartoffeln in vier Teile zu zerschneiden, um auf diese Weise den vierfachen Ertrag an Kartoffeln zu gewinnen. Sein besonderer Stolz aber war die Theorie von der Artumwandlung: In verschiedenen Experimenten „bewies" er, dass es durch Pfropfung möglich sei, Weizen in Roggen umzuwandeln oder Kiefern in Fichten, wie man es gerade brauche.

All diese Weisheiten wurden nunmehr zur Doktrin im sowjetischen Machtbereich. Sie fanden in Vorträgen und Büchern Verbreitung. Sie hielten Einzug in den schulischen Lehrstoff und dominierten die sowjetische Forschung, Jahre und Jahrzehnte lang. 1938 wurde Lyssenko zum Präsidenten der sowjetischen Landwirtschaftsakademie ernannt. Er erhielt fast jedes Jahr irgendeinen hohen Lenin- oder Stalinorden für seine außerordentlichen Verdienste um die russische Biologie; am Ende wurde er sogar zum „Helden der Sowjetunion" ernannt. Er war Stalins persönlicher Berater in allen landwirtschaftlichen Fragen, der unumschränkte Biologiepapst, dessen Wort als Offenbarung galt.

Man ist versucht, diesen Bericht im Stil einer heiteren Satire zu schreiben, einer Eulenspiegelei, die zum Schmunzeln anregt. Doch wenn in einem bevölkerungsreichen Bauernland wie Russland oder später China die Agronomie versagt, dann sterben Menschen, und die Heiterkeit bleibt dem Satiriker in der Kehle stecken. Aus heutiger Sicht lässt sich unschwer denken, dass Lyssenkos Methoden nicht geeignet waren, die sowjetische Landwirtschaft aus der Misere herauszureißen. Vielmehr führten sie zu Fehlschlägen und schweren Missernten, die die Lage noch verschlimmerten. Wieder gab es Armut, Landflucht, Hungersnot; doch Lyssenkos Position wurde auch dadurch nicht erschüttert. Stalins Gunst war seine Lebensversicherung: Hatte Lyssenko sich geirrt, so hatte sich der Große Stalin geirrt, und das konnte ja wohl nicht sein. Also jubilierten die Zeitungen weiter über erfüllte Fünfjahrpläne und glorreiche Errungenschaften beim Aufbau der sowjetischen Landwirtschaft. Misserfolge wurden umgelogen oder einfach totgeschwiegen; und war eine Pleite allzu offensichtlich, so gab es das Zauberwort Sabotage: Nicht Lyssenko hatte versagt, sondern Feinde des Volkes hatten seine genialen Methoden sabotiert.

Es war das Jahrzehnt der Großen Säuberung; die Entlarvung von Volksfeinden hatte allenthalben Hochkonjunktur. Das nutzte Lyssenko in geschickter Weise, um seine Kritiker auszuschalten. Vor dem Hintergrund des allgemeinen Terrors entbrannte ein Kampf zwischen den Genetikern und den Anhängern des „schöpferischen Darwinismus", wie Lyssenko seine Lehre titulierte. Die russische Genetik war damals stark präsent und in aller Welt hoch angesehen. Es gab etliche Wissenschaftler von Rang, und es gab mehrere Genetikinstitute, deren Standards den Vergleich auf internationaler Ebene nicht zu scheuen brauchten. Doch nachdem Lyssenkos Jünger sämtliche Genetiker als „trotzkistische Saboteure" gebrandmarkt hatten, sahen sie sich geächtet und den schärfsten Verfolgungen ausgesetzt. Ein Institut nach dem anderen wurde geschlossen, ein Wissenschaftler nach dem anderen verlor seine Arbeit, musste sich dem Ritual der „Kritik und Selbstkritik" unterziehen oder verschwand für Jahre im Gulag. Die führenden Köpfe des Moskauer Genetikinstitutes, Salomon Levit und Israel Agol, wurden als Saboteure erschossen.

Nikolai Iwanowitsch Wawilow (1887 - 1943)

Lyssenkos prominentester Gegenspieler war jedoch Nikolai Wawilow, der heute weltweit als einer der bedeutendsten Agrarbiologen der Geschichte gilt. In den 1920er Jahren entdeckte er das „Gesetz der homologen Reihen", das analog dem Periodensystem der Elemente die Eigenschaften von Pflanzen in genetischen Zusammenhängen darstellt. Auf Expeditionen in aller Welt erforschte er die Entstehungsorte von Kulturpflanzen und entdeckte, dass es sogenannte „Genzentren" gibt, wo die

Wildpflanzen, aus denen die Kulturpflanzen hervorgegangen waren, in besonderer Vielfalt auftreten – noch heute ein unschätzbarer Schlüssel für die Gewinnung und Kultivierung von Saatgut. Berühmt ist auch seine Genbank in St. Petersburg, die älteste und reichste der Welt, mit einer Vielfalt von Pflanzenarten, die anderswo längst ausgestorben sind. Bis Mitte der 1930er Jahre war Wawilow einer der renommiertesten Wissenschaftler der Sowjetunion. Er leitete die Akademie für Agrarwissenschaften in Leningrad, lehrte an mehreren Instituten und repräsentierte die Sowjetunion auf internationalen Kongressen.

Den jungen Lyssenko hatte Wawilow seinerzeit sogar gefördert, denn dessen Forschungen zur Jarowisation erschienen ihm originell und vielversprechend. Doch in dem Maße, wie Lyssenkos Theorien an Dreistigkeit und Radikalität gewannen, entwickelte sich Wawilow zu einem scharfen Gegner des Lyssenkoismus, und das kostete ihn den Kopf: 1940 wurde er verhaftet und unter der damals gängigen Beschuldigung der Sabotage und Spionage zum Tode verurteilt. Zwar wandelte man später das Urteil in eine zwanzigjährige Haftstrafe um, doch Wawilow überlebte die Gefangenschaft nicht. Der Mann, der mit seinen Forschungen so vielen Menschen Brot erschloss, ist im Gefängnis langsam und qualvoll verhungert. Natürlich wurde er postum rehabilitiert und zählt heute zu denjenigen Wissenschaftlern, die sein Vaterland mit Stolz für sich reklamiert. Doch er hätte noch weit mehr für Russland tun können, wenn es ihm zu Lebzeiten nur halb soviel Ehre erwiesen hätte wie nach seinem Tod.

Währenddessen setzte Lyssenko seinen biologischen Siegeszug fort und erlebte nach dem Zweiten Weltkrieg einen neuerlichen Höhepunkt seiner Macht: Auf der Akademietagung im August 1948 setzte er durch, dass

man die Genetik offiziell zu einer „bourgeoisen Pseudowissenschaft" erklärte, während sein „schöpferischer
Darwinismus" zur anerkannten Lehrmeinung in der
Sowjetunion erhoben wurde. Inzwischen hatte sich der
Machtbereich der Sowjetunion stark vergrößert, so
dass nunmehr der gesamte Ostblock an den Segnungen
des Lyssenkoismus teilhatte. Von Mecklenburg bis zur
Schwarzmeerküste wurden die Agronomen angewiesen, den Ackerbau nach den Methoden des großen Lyssenko zu betreiben, wurden Vertreter der Genetik aus
Führungspositionen entfernt. In Brünn machten entfes-
selte Lyssenko-Jünger die Mendel-Gedenkstätte dem
Erdboden gleich, um jede Erinnerung an den Urvater
der Vererbungslehre zu tilgen. Der „schöpferische Darwinismus" hatte Hochkonjunktur.

Am schlimmsten wütete der Lyssenkoismus in China:
Auch Mao war, aus ähnlichen Gründen wie Stalin, über-
zeugter Anhänger der Lehren Lyssenkos, und als er
1958 mit seinem „Großen Sprung nach vorn" die chine-
sische Landwirtschaft umkrempeln wollte, ordnete er
ausdrücklich an, dass dies auf der Basis des Lyssenkoismus zu geschehen habe. Die Propaganda überschlug
sich in Berichten von ertragreichen Pflanzenkreuzungen, neuartigen Düngemittelmischungen und Züchtun-
gen von übergroßen Kühen und Schweinen. Meist war
den lebenserfahrenen Bauern klar, dass all dies unmöglich funktionieren konnte. Doch schon die leiseste Äu-
ßerung des Zweifels wäre als Kritik an den Beschlüssen
der Partei oder an der Weisheit Maos aufgefasst worden
und hätte Arbeitslager zur Folge gehabt. An den verhee-
renden Hungersnöten in China, die bis 1961 anhielten
und Millionen Todesopfer unter der Bauernschaft forderten, hat auch Lyssenko eine Aktie.

Allein die DDR blieb weitgehend verschont vom Aber-
witz des Lyssenkoismus, und das ist einer Handvoll mu-

tiger Wissenschaftler zu verdanken, allen voran dem Team um Professor Hans Stubbe am Landwirtschaftsinstitut Gatersleben. Natürlich war es auch hier nicht möglich, öffentlich an Lyssenko zu zweifeln, denn der Große Bruder im Osten durfte keinesfalls verärgert werden.

Prof. Dr. Hans Stubbe (1902 - 1989)

Doch in mehreren Laboren wurden Lyssenkos Experimente heimlich nachgestellt, wobei es in etlichen Fällen gelang, Denkfehler und Widersprüche nachzuweisen, zum Teil auch eindeutige Fälschungen. Man hielt diese Ergebnisse zunächst geheim und legte sie erst nach Stalins Tod den Verantwortlichen im Politbüro vor; doch dann wirkten sie auch gleich so überzeugend, dass selbst die stramm moskautreuen Genossen von der Anwendung der Lyssenko-Methoden unauffällig Abstand nahmen – ein ebenso schönes wie seltenes Beispiel für stille Selbstbehauptung unter den Bedingungen der Diktatur.

Doch auch in seiner Heimat blies der Wind Lyssenko zunehmend ins Gesicht. Nach dem Tod seines Protektors Stalin mehrten sich die kritischen Stimmen, die Lyssenkos Lehren in Zweifel zogen. Nicht nur deren praktische Misserfolge wiesen sie als fragwürdig aus, sondern auf der anderen Seite auch die jüngsten Entdeckungen der Biogenetik in den kapitalistisch regierten Ländern, die nicht länger zu verleugnen waren. Stalins Nachfolger Nikita Chrustschow, der Lyssenko als Landwirtschaftsberater übernommen hatte, sah sich genötigt, ihn in die Wüste zu schicken, holte ihn jedoch nochmals in den Kreml zurück, nachdem er sich durch neuartige Viehzüchtungen wieder ins Gespräch gebracht hatte. Erst 1962 wurde Lyssenko endgültig gestürzt und von all seinen Ämtern entbunden. Es dauerte eine geraume Weile, bis sich die sowjetische Biologie nach diesem Irrweg wieder orientieren konnte. 1965/66 setzte man den Biologieunterricht an den sowjetischen Schulen für den gesamten Jahrgang aus, da der Lehrstoff komplett revidiert werden musste. Erst danach konnten die russischen Schulkinder wieder die Mendelschen Gesetze lernen.

Lyssenko wurde nie für das Unheil bestraft, das er angerichtet hatte. Man schob ihn einfach ab, in ein kleines Institut, auf einen subalternen Posten, wo er bei auskömmlichen Bezügen seinen Lebensabend verbrachte. Doch er weilte noch lange genug über der Erde, um den Siegeszug der Genetik zu erleben und das Verblassen seines eigenen Wirkens zur Bedeutungslosigkeit. Das war seine Strafe, und das muss unser Trost sein in dieser trostlosen Geschichte. Einen anderen gibt es nicht.

Im Übrigen hat die Nachwelt Lyssenkos umfangreiches Lebenswerk durchaus nicht in Bausch und Bogen verworfen. Heute weiß man, dass Pflanzen tatsächlich erworbene Eigenschaften vererben können, wenn auch nicht so simpel linear, wie von Lyssenko angenommen. Und in der Themenvielfalt, mit der sich der russische Biologiepapst befasste, findet sich neben viel grobem Unfug auch durchaus das eine oder andere Goldkorn. Die Jarowisation beispielsweise, mit der Lyssenko seine Laufbahn begann, war in der Tat eine nützliche Entdeckung, obwohl er ihren Einfluss auf die Ertragskraft weit überschätzt hatte. Auch bei seinen Pflanzenkreuzungen oder Düngemittelmischungen lag der Mann nicht immer daneben. Bis heute findet man im Internet Artikel, zumeist von beinharten Altkommunisten, die Lyssenko verteidigen und loben. Doch selbst bei dessen Glückstreffern handelte es sich stets nur um empirische Zufallsfunde innerhalb eines Theoriesystems, das hoffnungslos schematisch, hoffnungslos primitiv und schon zuzeiten seiner Entstehung hoffnungslos veraltet war.

Dass ein derart morsches Denkgebäude Jahrzehnte lang einen ganzen Wissenschaftszweig in einem ganzen riesigen Land tragen konnte, sagt viel aus über die Ideologie des Kommunismus und über die Machtstrukturen innerhalb der Sowjetunion. Eine Vielzahl von Faktoren wirkte unglücklich zusammen, um Lyssenkos Aufstieg zu ermöglichen: die verblüffende Übereinstimmung seines biologischen Konzeptes mit der herrschenden Gesellschaftstheorie, die Gunst eines allmächtigen Diktators, die desolate Lage der Landwirtschaft und der gleichzeitige Anspruch des Staates, auf allen Gebieten der Wissenschaft das weltweit überlegene System zu sein. Doch heute ist das Wort „Lyssenkoismus" ein allgemeines Synonym für politisch protegierte Pseudowissenschaft, und die gibt es nicht nur in der kommunistischen Diktatur, sondern überall dort, wo politische Macht sich anmaßt, die Wissenschaft zu regulieren. Letztendlich war es einfach nur die menschliche Dummheit, die das Phänomen Lyssenko ermöglicht hat; und Dummheit ist auf dieser Welt so allgegenwärtig wie die Scharlatane, die sie sich zunutze machen. Wir Deutschen, die wir dem übelsten politischen Scharlatan des 20. Jahrhunderts aufgesessen sind, sollten die Letzten sein, mit den Russen zu rechten, weil sie Lyssenko seine Mär von den blühenden Landschaften glaubten.

Es war einmal ein See...

Wie der sowjetische Staat es schaffte, den viertgrößten Binnensee der Welt auszutrocknen

Es war einmal ein See, so groß wie ganz Bayern. Heute klingt es wie ein fernes Märchen, doch es hat ihn gegeben, diesen See, vor gar nicht allzu langer Zeit. Noch in den fünfziger Jahren des vergangenen Jahrhunderts zählte das Gebiet um den Aralsee zu den schönsten Landschaften Mittelasiens. Der See hatte ein Ausmaß von stolzen 68.000 Quadratkilometern und war damit der viertgrößte Binnensee der Welt. Das warme, durch die Dunstglocke des riesigen Sees moderierte Klima und die günstigen Umweltbedingungen boten einer Flora und Fauna von phantastischer Vielfalt Raum, die Böden waren fruchtbar, und der Fischreichtum des Wassers konnte weite Teile Russlands versorgen. Täglich liefen wahre Flotten von Fangschiffen aus, um ihre Netze zu werfen. Doch die Region lebte nicht allein vom Fischfang, sondern auch von den Besuchern. Touristen fanden hier Erholung, Kranke Heilung. Überall an den Ufern hatten sich Hotels, Sanatorien, Künstlerkolonien und Ferienlager etabliert. Es war ein freundlicher, blühender Landstrich, der vielen Menschen Heimat und Arbeit gab.

Die Entwicklung, die dem Aralsee zum Verhängnis werden sollte, begann schon im 19. Jahrhundert, nachdem die Russen das Gebiet um Turkmenistan und Kasachstan eroberten: Um die Steppengebiete nördlich des Aralsees für den Anbau von Baumwolle urbar zu machen, leiteten sie Wasser aus den beiden Zuflüssen des Aralsees, Amu-Darja und Syr-Darja, auf die Baumwollfelder um. Dass der Wasserspiegel des Aralsees dadurch auf Dauer ein wenig sank, störte niemanden in diesem vor-ökologischen Zeitalter – der See war schließlich groß genug.

Vielleicht wäre es bei einer halbwegs verträglichen Wasserbewirtschaftung geblieben; aber dann kamen die Bolschewiki an die Macht, die sich als revolutionäre Erbauer einer neuen Welt verstanden, als Bezwinger und Umgestalter der Natur. Sie stampften in Sibirien Städte aus dem Boden. Sie legten Trassen durch die Taiga. Sie trotzten der Einöde Neuland ab, und sie fragten dabei wenig nach ökologischer Verträglichkeit. Die Bolschewiki etablierten den Aralsee als Zentrum des Fischfangs für das ganze Land; doch sie waren auch, wie ihre zaristischen Vorgänger, begeistert von der Vorstellung, die Wüsten- und Steppengebiete Mittelasiens für den Baumwollanbau zu gewinnen. Schlagworte wie „Angriff auf die Wüste" oder „Unterwerfung der Steppe" füllten in den 1920er und 30er Jahren die Propagandablätter. Systematisch wurden Kanäle von den Zuflüssen des Aralsees abgezweigt, es wurden Staudämme und Talsperren errichtet, bis irgendwann nur noch ein Bruchteil des ursprünglichen Zuflusses den See erreichte. Dort sank der Wasserspiegel weiter, erste warnende Stimmen wurden laut. Inzwischen wusste man, zumindest theoretisch, wie wichtig ökologisches Gleichgewicht war, noch dazu in einer derart empfindlichen klimatischen Zone. Doch was bedeutete dieses Wissen, wenn es galt, die Dekrete des weisen Stalin umzusetzen oder die Kennzahlen des letzten Fünfjahrplanes, der eine bestimmte Anzahl Hektar für den Baumwollanbau vorsah. Geologisch galt der Aralsee als ein „Fehler der Natur". Noch in den 1950er Jahren erklärte ein turkmenischer Wissenschaftler, dass es „besser ist, den Aralsee trocken zu legen als ihn zu erhalten. Allein der Anbau von Baumwolle wird die Verluste von Fischerei und Industrie am Aralsee ausgleichen." Ein Satz, den man heute mit Schaudern liest; er beweist, dass man die Katastrophe sehenden Auges heraufbeschwor.

Doch zum Todesstoß für die Region um den Aralsee führte der Bau des Karakum-Kanals, der noch von Stalin initiiert und in der Chrustschow-Ära begonnen wurde. Der Kanal sollte den Amu-Darja mit dem Kaspischen Meer verbinden, doch dieses Ziel wurde erst nach Jahrzehnten erreicht. Nichtsdestotrotz entzog der Karakum-Kanal dem einst mächtigen Amu-Darja-Fluss alljährlich fast die Hälfte seines Wasservolumens. Das Kanalbett wurde nicht betoniert; ein hoher Prozentsatz des einfließenden Wassers versickerte ungenutzt im Wüstensand. Der Amu-Darja, ohnehin durch den Baumwollanbau und durch die damit verbundenen, ebenfalls weitgehend unbetonierten Bewässerungskanäle stark dezimiert, konnte schon in den 1970er Jahren den Aralsee zeitweise nicht mehr erreichen. Heute versiegt der Fluss weit vor seinem natürlichen Mündungsbett.

Um die Mitte der 1960er Jahre nahm das Absinken des Wasserspiegels im Aralsee Ausmaße an, die nicht mehr zu übersehen waren. Der See zog sich gleichsam zurück – die Fischer mussten immer weiter laufen, bevor sie ihre Boote erreichten, und sie fingen auch immer weniger Fische, nicht nur, weil deren Lebensraum stetig schrumpfte, sondern auch, weil der See zunehmend versalzte. Über Jahrzehnte hatte man die

Wrack im ausgetrockneten Aralsee

umliegenden Baumwollfelder unbekümmert mit Dün-
gemitteln, Pestiziden und sogar Entlaubungsmitteln be-
streut. Es fehlte jedes ökologische Problembewusstsein:
Völlig ungefiltert entsorgten die umliegenden Industrie-
betriebe ihre Giftabfälle im See. Auch war nie jemand
auf den Gedanken gekommen, in den Baumwollanbau-
gebieten das kostbare Wasser zu kontingentieren – es
wurde unbekümmert verschwendet. All das begann
sich allmählich zu rächen, doch der Sowjetstaat sah
noch immer keinen Grund, die Wirtschaftspolitik in der
Region zu ändern. Nach wie vor wurde die Wüstenbe-
wässerung als sozialistische Großtat gefeiert und aus-
ländischen Gästen stolz präsentiert. Staatsoberhäupter
aus Ost und West besichtigten die Baumwollfelder in
der Karakum und in der Hungersteppe als den blühenden Beweis für die Eroberung der Natur durch den he-
roischen Sowjetmenschen.

In den 1970er Jahren war der See so weit zurückgewichen, dass die einstigen Hafenstädte viele Kilometer weit vom Ufer entfernt inmitten öder Steppe lagen. Aus Inseln wurden Halbinseln, bis sie schließlich ganz in der Landmasse verschwanden. Der Salzgehalt des Restsees hatte sich vervielfacht; das große Fischesterben setzte ein. Allmählich machte sich ein Klimawandel bemerkbar: Früher hatte die Dunstglocke des Aralsees im Sommer die Hitze abgemildert und den Winterstürmen ein Puffer geboten; jetzt wurden die Sommer immer heißer, und im Winter fegten die Steppenwinde in nie gekannter Grausamkeit über das Land. Mit der Fischerei ging es nun endgültig bergab und mit den Fischern folglich auch; was gab es schon zu fangen in einem ökologisch toten Gewässer. Wer konnte, verließ die verfluchte Region und suchte anderswo sein Glück. Für die, die blieben, war keine Arbeit mehr da, denn auch Tourismus und Industrie waren schon lange zum Erliegen gekommen. Ein letztes Konservenwerk verarbeitete Fische, die in teuren Tiefkühlwaggons aus dem Kaspischen Meer herangefahren wurden. Damals zeigten sich im Alltag erstmals jene Bilder, die wir heute vom Aralsee kennen: rostige Schiffswracks inmitten der Wüste, ausgetrocknete und erodierte Böden, zerfallende Häuser und verwahrloste Kinder. Freilich bekamen nur die Einheimischen diesen hässlichen Anblick zu sehen; für Ausländer war der Besuch der Region um den Aralsee mittlerweile verboten. Hier gab es nichts Heroisches mehr vorzuzeigen.

In den 1980er Jahren kam Michail Gorbatschow an die Macht, der mit den Schlagworten Glasnost und Perestroika eine neue Offenheit propagierte. Jetzt wurde die Verlandung und Versalzung des Aralsees erstmals öffentlich debattiert. Verschiedene mediale Publikationen dokumentierten das ganze Ausmaß der ökologischen Katastrophe, die inzwischen schon erschreckend fortgeschritten war: Der Aralsee hatte sich weiter verkleinert und war in mehrere Teilseen zerfallen; das verlandete Gebiet war erst versumpft und dann versandet. Viele Tierarten starben aus; andere wanderten in die Steppe ab, wo sie wiederum das hergebrachte ökologische Gleichgewicht störten und gefährliche Erreger übertrugen. Die Austrocknung des Sees hatte zu einem generellen Absinken des Grundwasserspiegels in der gesamten Region geführt; uralte Brunnen waren versiegt.

Noch schlimmer stand es um das Baumwollgebiet: Im Zuge des sogenannten „Baumwollskandals", der Mitte der 1980er Jahre Usbekistan erschütterte, kam heraus, dass die Ergebniszahlen der Baumwollernten jahrelang geschönt worden waren. Tatsächlich gaben die ausgelaugten, versalzenen und pestizidverseuchten Böden längst keine guten Ernten mehr her, so dass die hochgesteckten Planziele unmöglich erfüllt werden konnten. Die monokulturelle Ausrichtung auf den Baumwollanbau war vermutlich generell keine glückliche Idee gewesen. Sogar die Luft strömte Gifte aus: Schon regnete es salzige Niederschläge, die Betonwände zerfraßen und Stromleitungen zur Auflösung brachten. Die Zahl der Allergie- und Atemwegserkrankungen nahm exorbitante Ausmaße an.

In dieser Zeit wurden verschiedene Pläne zur Rettung des Aralsees geschmiedet. Der bekannteste sah vor, zwei Flüsse aus Sibirien in die Aralregion umzuleiten und ihr so das verlorene Wasser wieder zuzuführen. Kritiker nannten den Plan vermessen und gigantomanisch; und wirklich erscheint es mehr als zweifelhaft, ob er je umsetzbar gewesen wäre, nicht nur, weil er jahrzehntelange Arbeit und horrende Geldmittel erfordert hätte, sondern auch, weil er wiederum einen emp-

Vertrocknet, versalzen, verseucht: Boden des ehemaligen Aralsees

findlichen Eingriff in das Gleichgewicht der Natur vorsah, dessen Folgen unabsehbar gewesen wären.

Es sollte nicht mehr dazu kommen – die Sowjetunion zerfiel, bevor das Projekt, für das die Gelder schon bewilligt waren, auch nur begonnen werden konnte. Die drei Unionsrepubliken um den Aralsee, Kasachstan, Turkmenien und Usbekistan, wurden unabhängige Staaten, und keiner von ihnen verfügte über die finanziellen Mittel, geschweige denn über die Vision und Energie, um die Probleme der Region zu lösen. Der Aralsee starb ungehemmt weiter, und mit dem See starben auch die Menschen. Zur massenhaften sozialen Not, die aus der Arbeitslosigkeit erwuchs, gesellten sich Krankheiten und Missbildungen, verursacht von den giftverseuchten Nahrungsmitteln: Krebserkrankungen, Magen-Darm-Erkrankungen, Lungenerkrankungen, Bluterkrankungen, Augenerkrankungen... Die Aufzählung ließe sich endlos fortsetzen. Heute ist die Säuglingssterblichkeit in der Region so hoch wie in den

afrikanischen Entwicklungsländern, und die Lebenserwartung sinkt von Jahr zu Jahr. Zu Recht wird das
Drama um den sterbenden Aralsee in seinem Gewicht
und seinen Auswirkungen mit der Katastrophe von
Tschernobyl verglichen; doch die Weltöffentlichkeit hat
es nie in seinem vollen Ausmaß zur Kenntnis genommen. Tschernobyl war ein großer Knall, der die Mensch-
heit aufschrecken ließ. Der Tod des Aralsees war ein
lautloses Verröcheln über Jahre und Jahrzehnte, das die
Schlagzeilen kaum je erreichte.

Trotzdem gelang es in Kasachstan wie durch ein Wunder, einen Teil des Aralsees zu retten: Durch den Bau
eines Deiches, des Kokoral-Damms, wurde der noch er-
haltene nördliche Teilsee, inzwischen „kleiner Aralsee"
genannt, von der übrigen Seefläche abgetrennt und
durch verschiedene Maßnahmen aufgefüllt. So sorgte
man dafür, dass aus dem Syr-Darja, dem letzten noch
verbliebenen Zufluss, wieder mehr und saubereres
Wasser in den kleinen Aralsee floss. Mit Hilfe internationaler Geldgeber betonierte und reparierte man die
Bewässerungskanäle und gebot endlich der Umweltver-
schmutzung Einhalt. Der Erfolg zeigte sich binnen weniger Jahre: Der Wasserspiegel stieg wieder an,
während der Salzgehalt des Sees deutlich sank. Heute
kann man im kleinen Aralsee wieder gesunde Fische
fangen. Die Uferlinie wird zusehends breiter: Bald wird
die alte Hafenstadt Aralsk, die zeitweise über hundert
Kilometer vom Seeufer entfernt gelegen hatte, wieder
schiffbar werden wie früher.

Nur die beiden Nachbarländer sind wenig erfreut
über diese Entwicklung, denn durch den Kokoral-
Damm wird dem südlichen, also dem Hauptteil des
Aralsees jede Chance auf Frischwasserzufuhr genommen und dessen Verlandung noch beschleunigt. Hierü-
ber ist es zu ernsten Spannungen zwischen Kasachstan

und Usbekistan gekommen. Usbekistan wirft dem nörd-
lichen Nachbarn – der überdies auch seine Giftabfälle
über den Damm hinweg entsorgt – Rücksichtslosigkeit
und Eigennutz vor, während Kasachstan argumentiert,
der Kokoral-Damm sei der einzige Weg, um wenigstens
einen Teil des Aralsees der Verlandung zu entreißen.
Tatsächlich ist eine Rettung für den großen Aralsee
trotz verschiedener Ansätze derzeit nicht in Sicht. Im
Sommer 2014 ging die Meldung um die Welt, dass erstmals seit dem Mittelalter das Bett des Aralsees komplett
ausgetrocknet ist.

Umweltsünden gibt es überall auf der Welt, und viele
der Faktoren, die bei der Verseuchung und Verlandung
des Aralsees eine Rolle spielten – etwa der Einsatz ge-
fährlicher Pestizide oder der Bau von unbetonierten Ka-
nälen – wirken auch in anderen finanzschwachen und
technisch zurückgebliebenen Ländern. Trotzdem
kommt dem sowjetischen System die Hauptschuld am
Tod des Aralsees zu: seiner siegessicheren Ideologie,
seiner realitätsfernen Planwirtschaft, seiner Giganto-
manie und seiner Unfähigkeit, Regulative zu erschaffen
und Kritik zu verarbeiten. Die Geschichte des Aralsees
liest sich streckenweise wie eine Illustration der guten
alten Sozialismuswitze. Anfrage an Radio Jerewan:
Kann man in der Schweiz den Sozialismus aufbauen?
Antwort von Radio Jerewan: Im Prinzip ja, aber es wäre
schade um die schöne Landschaft. Oder: Was passiert,
wenn man drei sowjetische Ökonomen in die Wüste
schickt? Drei Jahre lang gar nichts, dann kommt ein Not-
ruf: Schickt mehr Sand, der Sand wird knapp! Diese
Witzchen waren als satirische Übertreibung gemeint,
aber die bittere Realität hat ihre Pointen längst über-
troffen und das Lachen darüber verstummen lassen. Es
ist nicht leicht, einen See von 68.000 Quadratkilometern zu vernichten, doch das kommunistische Regime

hat es binnen weniger Jahrzehnte geschafft und hat selbst im vollen Lauf der Katastrophe stets noch jene unerschütterliche Siegesgewissheit zur Schau getragen, die sich lächelnd über alle Probleme hinwegsetzt.

Es war einmal ein See, so groß wie ganz Bayern. Die Natur hatte ihn geschenkt, und der Mensch, statt demütig und dankbar mit dem Geschenk zu leben, hatte ihn zerstört, aus Hochmut, aus Dummheit, aus dem Wahn heraus, die Natur „bezwingen" und „beherrschen" zu müssen. Wohl nirgends auf der Welt hat sich die Natur so bitterlich für das gerächt, was Menschen an ihr verbrochen haben, sich nirgends so radikal und grausam behauptet. Heute blicken wir auf den Aralsee wie auf ein fernes Märchen zurück, und niemand weiß, ob und wann es jemals wieder Wirklichkeit werden kann.

Showdown Unter den Linden

Wie in den Kasernen der Sowjettreitkräfte
Opfer zu Tätern wurden und Täter zu Opfern

1978 arbeitete ich in der berühmten Ostberliner „Buchhandlung im Bahnhof Friedrichstraße", wo die "Westler", wie man sie damals noch nannte, ihre letzten DDR-Münzen auf den Kopf zu hauen pflegten, bevor sie durch den Tränenpalast in eine bessere Welt entschwanden. Jeden Tag um eins ging ich mit meiner Freundin zum Mittagessen ins Lindencorso, wo eine bunte Szene von Künstlern, Pennern und schrägen Vögeln verkehrte. Mit einigen waren wir flüchtig bekannt, und sie waren natürlich der eigentliche Grund, der uns immer wieder ins Lindencorso zog.

Doch am 16. Juni 1978 war meine Freundin verreist oder krank, so dass ich meine Mittagspause in einer anderen Gesellschaft und in einem anderen Lokal verbrachte. Und ausgerechnet an diesem Abend überraschte uns die „Aktuelle Kamera" mit einer außergewöhnlichen Meldung: Ein „geistesgestörter Sowjetsoldat", ließ man uns wissen, hätte an der Ecke Friedrichstraße/Unter den Linden kurz nach 13.00 Uhr eine Schießerei verursacht, bei der es mehrere Verletzte gab, bevor es den Einsatzkräften gelang, die Ordnung wiederherzustellen. Mir klappte förmlich die Kinnlade runter: Genau um diese Zeit war ich üblicherweise an genau diesem Ort zu finden! Nur die zufällige Abwesenheit meiner Freundin hatte verhindert, dass ich aus meinem kleinen braven Alltag direkt in ein nachrichtenwertes Ereignis katapultiert wurde, in eine waschechte Schießerei! Ich sah mich und meine Freundin platt wie Briefmarken vor dem Lindencorso liegen, während über uns ein Kugelhagel niederging. Ich sah, wie wir uns angstvoll gegen Hauswände pressten. Ich sah uniformierte Männer mit verzerrten, blutverschmierten Gesichtern an uns vorübergehen, in ihrer Mitte den armen Sünder, den „geistesgestörten Sowjetsoldaten", den sie überwältigt hatten. Keinen Augenblick verspürte ich Erleichterung, dass mir die Wirklichkeit solcher Bilder erspart geblieben war – im Gegenteil, ich bedauerte lebhaft, dieses Abenteuer verpasst zu haben. So stark lebte ich in einem Grundgefühl der alltäglichen Leere und Langeweile, dass ich bereit war, jedes halbwegs dramatische Ereignis zu begrüßen, nur weil dann endlich, endlich mal „was los" war in der DDR.

Erst sehr viel später habe ich erfahren, dass um diese Zeit eine ganze Menge los war in der DDR. Mein kleines Beinahe-Abenteuer, die Schießerei Unter den Linden, war nur ein Fetzen der tagtäglichen Gewalt, nur die Spitze eines riesigen Eisbergs, der ungesehen unter einer glatten, blanken Oberfläche dahintrieb, während die „Aktuelle Kamera" von Produktions- und Ernteerfolgen berichtete. Doch im Fall des „geistesgestörten Sowjetsoldaten" hatte sich der Showdown mitten im Herzen der Hauptstadt abgespielt, auf der prominentesten Ostberliner Meile, vor Hunderten von Zeugen und am helllichten Tag. Einer der Verletzten war ein Mitarbeiter der Ständigen Vertretung der Bundesrepublik Deutschland in der DDR, so dass auch „der Gegner" peinlicherweise aus erster Hand von dem Zwischenfall wusste. Man konnte also nichts vertuschen und verschweigen, irgendetwas musste man melden; und die Erklärung der Geistesgestörtheit war ebenso einleuchtend wie bagatellisierend: ein Ausnahmezustand, ein Verrückter eben. Wäre er bei Verstand gewesen, er hätte funktioniert wie alle anderen auch.

Der junge Mann, der all den Wirbel verursachte, hieß Mindijan Aubakirow. Er war erst neunzehn Jahre alt, fast noch ein Junge. Bis Mitte Juni 1978 hatte er den sowjetischen Streitkräften in der DDR angehört. Es waren ihrer viele in jenen Tagen: Über dreihunderttausend Armeeangehörige bevölkerten die sowjetischen Kasernen; zählt man die Familien der Offiziere und die Verwaltungsangestellten mit, so kommt man auf nicht weniger als eine halbe Million Sowjetbürger, die in ständig wechselnder personeller Besetzung auf dem Gebiet der DDR lebten. Sie hatten ihre eigenen Wohngebiete, im Volksmund „Russenstädtchen" genannt, ihre eigenen Versorgungsinstitutionen und de facto auch ihre eigene Jusiz. Es bestanden zwar Verträge, in denen die Souveränität der DDR festgeschrieben war und die Zuständigkeit der DDR-Organe für alles, was auf deren Gebiet geschah; doch jeder wusste, dass diese Zuständigkeit an den Toren der Besatzerkasernen endete. Hatte ein sowjetischer Soldat auf DDR-Gebiet eine Straftat begangen – was im Laufe der Jahrzehnte nicht selten geschah –, so bestanden die sowjetischen Militärs mit bedrohlichem Nachdruck darauf, die Strafverfolgung selbst in die Hand zu nehmen. Die DDR-Behörden muckten nie dagegen auf. Sie waren gleich in doppelter Hinsicht gehindert, irgendwelche Autorität zu entfalten: Einerseits ließ die Militärpräsenz der Russen uns Deutsche keine Minute vergessen, dass wir ein besiegtes Volk und von der Sowjetunion abhängig waren. Und andererseits verkündete die offizielle Propaganda pausenlos die „unverbrüchliche Freundschaft" zwischen der DDR und dem „Brudervolk" der Sowjetunion. Der prompte Gehorsam, mit dem man alle Wünsche der sowjetischen Administration erfüllte, war also ein Gebot der Notwendigkeit, wurde aber gleichzeitig auch als freiwilliger Freundschaftsdienst deklariert.

Wir DDR-Bürger hatten natürlich mit diesem Eiertanz unsere Probleme. Die russischen Besatzer lebten weitgehend isoliert von der einheimischen Bevölkerung.

Heldendenkmal in Berlin-Treptow: Sowjetsoldat als Freund und Retter

Manchmal sahen wir sie auf den Straßen, die Männer in schweren Uniformen, die Frauen umweht von aufdringlichen Parfums. Man nannte sie unter sich „die Freunde", mit leicht sarkastischem Unterton. Das Wort „Russen" war in der DDR verpönt; es galt als politisch unkorrekt, auch wenn der Begriff der politischen Korrektheit damals noch gar nicht geboren war. Und die offizielle Bezeichnung „Sowjetbürger" oder „Sowjetmensch" klang allzu steif und lebensfern, um je den Weg in den Alltag zu finden.

Steif und lebensfern war auch das offizielle Image, das uns von den „Freunden" vermittelt wurde. Vor allem die sowjetischen Spielfilme waren bekannt für ihre idealisierte Weltsicht. Sie handelten vorzugsweise von Kriegshelden, die sich für die Heimat opferten, von Arbeitern, die Tag und Nacht nichts anderes im Kopf hatten als die Steigerung der Produktion, und von Liebespaaren, so rein, dass es zwischen ihnen nicht einmal zum Kuss kam. Hatte ein DDR-Bürger etwas Unwahrscheinliches erlebt, so sagte er: Das gibt's in keinem Russenfilm! Die Steigerung war: Mann, das gibt's ja nicht mal in 'nem dreiteiligen Russenfilm! Wenn etwas nicht einmal in einem dreiteiligen Russenfilm vorkam, dann musste das schon besonders abwegig sein.

Das Propagandabild zu prüfen, war schwierig, denn private Kontakte mit den Einheimischen waren den „Freunden" streng untersagt. Namentlich Liebesverhältnisse mit deutschen Frauen wurden rigoros unterbunden, meist indem der Liebhaber kurzerhand den Marschbefehl in Richtung Heimat erhielt. Nur selten und gegen stärkste Widerstände gelang eine deutschrussische Eheschließung. Einzig zu offiziellen „Freundschaftstreffen" durften sich Russen und Deutsche begegnen, um Gedenkfeiern abzuhalten oder miteinander Schach zu spielen, wobei sich mitunter tatsächlich menschliche Freundschaften entwickelten, nicht aufgrund der verordneten Bruderliebe, sondern eher ihr zum Trotz.

Es gab meines Wissens in der DDR keinen ausgesprochenen Russenhass, wie etwa in Polen; doch die konkreten Umstände der russischen Besetzung waren für die DDR-Bürger hart und riefen nicht selten Verärgerung hervor. Wohl gab es vollmundige russische Zusagen, die Aufenthaltskosten für die Truppen aus dem eigenen Etat zu bestreiten. Tatsächlich aber musste der DDR-Staat während all der Jahre seines Bestehens für die stationierten „Freunde" aufkommen, was gigantische Summen aus der Staatskasse verschlang und der eigenen Bevölkerung dringend benötigte Wirtschafts- und Konsumgüter entzog. In den Jahren der Spritknappheit beispielsweise wurden die sowjetischen Streitkräfte bei der Kontingentierung bevorzugt, während man den DDR-Bürgern strikte Sparzwänge auferlegte. Das führte natürlich zu Animositäten – aber auch zu einem schwunghaften Schwarzmarkthandel, bei dem sich die Deutschen mit Sprit versorgten und die Russen mit Spirituosen.

Damit sind wir beim Thema Kriminalität, einem besonders heiklen Punkt in den deutsch-sowjetischen Beziehungen. Ärgerlicherweise waren die „Freunde" nicht immer von dem hohen Ethos beseelt, das die Propaganda ihnen zusprach. Schon zu DDR-Zeiten munkelte man von Diebstählen, Alkoholexzessen, Prügeleien, Vergewaltigungen... Offiziell erfuhr man darüber nichts: Jeder noch so harmlose Vorfall, in den sowjetische Militärs verwickelt waren, unterlag einem absoluten Schweigegebot. Erst in den späten 1980er Jahren, als der von den DDR-Dogmatikern ungeliebte Gorbatschow an die Macht kam, wurde das Gebot gelockert. Über das schwere Zugunglück 1988 bei Forst Zinna, ausgelöst durch einen sowjetischen Panzer, der sich auf die Schienen verirrte, berichteten die DDR-Medien in ungewohnter Ausführlichkeit. Doch das ganze Ausmaß der Kriminalität, die von den sowjetischen Streitkräften ausging, wurde erst nach der Wende bekannt: Die Statistik verzeichnete jährlich etwa zweitausend schwere Straftaten der „Freunde", mit steigender Tendenz in den letzten DDR-Jahren. Die Palette reichte vom Beschaffungsdiebstahl bis hin zu Totschlag oder Mord. Häufig gab es auch böse Verkehrsunfälle im Zusammenhang mit Militärkonvois oder alkoholisierten Soldaten. Insgesamt kamen einige Hundert DDR-Bürger bei solchen Vorfällen ums Leben.

Betrachtet man jedoch die mittlerweile recherchierten und veröffentlichten Kriminalfälle, so drängt sich immer wieder der Eindruck auf, dass die Täter eigentlich eher Opfer waren. Fast immer lagen die Gründe, die zu kriminellen Delikten führten, in den Lebensbedingungen der Sowjetsoldaten. Damals bekam kaum ein DDR-Bürger ihre Kasernen von innen zu sehen, doch heute ist bekannt, wie die Männer dort lebten: Da gab es Schlafsäle für 120 Mann, in denen Schaben über die Bettdecken flitzten. Da gab es stundenlanges Exerzieren ohne festgelegten Dienstschluss. Da gab es morgens, mittags und abends „Kascha", den Hirsebrei, der in der russischen Ernährung eine gewichtige Rolle spielt. Der Monatssold betrug knapp hundert DDR-Mark, und der Ausgang hing von der Gnade des jeweiligen Vorgesetzten ab.

Junge Menschen können äußerlich harte Lebensbedingungen gut ertragen. Doch was bedeuten Kascha und verdreckte Betten gegen die Schikanen und Grausamkeiten, die der internen Hierarchie in der Kasernengemeinschaft entsprangen? Innerhalb der Roten Armee regierte die berüchtigte „Dedowschtschina", was etwa „Großväterherrschaft" heißt und bedeutet, dass diejenigen Soldaten, die schon im zweiten Jahr der Stationierung standen, Neuankömmlinge in jeder Weise schurigeln, prügeln und demütigen konnten. Und hatten diese dann das erste Jahr heil überstanden, gaben sie die Gewalt, die sie erfahren hatten, an die nach ihnen Eintreffenden weiter. Solche oder ähnliche Praktiken gibt es in vielen militärischen Formationen und in vielen Ländern der Welt, doch in den sowjetischen Kasernen wurden sie mit jener Hingabe zelebriert, die aus Frust und Bitterkeit entspringt; und immer trafen sie vor allem die Kleinen, Schwachen, Schüchternen, die nicht imstande waren, sich zu wehren.

Verschärfend kam noch die ethnische Hierarchie hinzu. Die Sowjetunion war ein Völkergemisch aus über hundert Nationalitäten. Viele Angehörige der verschiedenen ethnischen Minderheiten beherrschten die russische Sprache gar nicht oder nur gebrochen und mit starkem Akzent. Bei den stationierten Streitkräften der Roten Armee wurden die Ethnien zwar gemischt, doch die alleinige Befehlssprache war Russisch, und die Russen hatten auch das Sagen, während alle anderen Nationalitäten als minderwertig und verächtlich galten. Sprach ein Soldat mit kasachischem, lettischem oder ukrainischem Akzent, so wurde er automatisch zum Putzlappen für seine russischen Kameraden.

Wir sprechen hier von blutjungen Männern, die man achtzehn- oder neunzehnjährig aus ihren Elternhäusern heraus- und in eine völlig fremde Welt hineinriss. Ihr Transport aus Aserbaidshan, aus Litauen oder Jakutien nach Deutschland erfolgte meist in Viehwaggons, wo sie tagelang eingepfercht waren, ohne zu wissen, wann und wo sie ankommen würden. Und dann gerieten sie in die Mühle der furchtbaren Dedowschtschina, wurden geschlagen, getreten, gequält. Sie befanden sich Tausende Kilometer von der vertrauten Umgebung entfernt, in einem Land, dessen Sprache sie nicht beherrschten und dessen Justiz für sie nicht zuständig war. Die Vorgesetzten sahen weg, vertraten sogar Abhärtungstheorien. Von keiner Seite hatten die Opfer Hilfe oder auch nur Mitgefühl zu erwarten. In dieser für sie ausweglosen Situation lag ein Sprengstoff, der jeder-

Ein Ort des Leidens und der Gewalt: ehemaliger Kasernen-
schlafsaal in Beelitz-Heilstätten

zeit explodieren konnte. Von Zeit zu Zeit wurde ein Rekrut zum Amokläufer, versuchte zu fliehen oder brachte sich um. Bis heute gibt es keine sicheren Zahlen, doch die Selbstmordrate unter den Soldaten muss erschreckend hoch gewesen sein. Auch kam es häufig vor, dass die Soldatenspäße der Dedowschtschina zu weit getrieben wurden und einer der Gequälten daran starb. Dann wurde der Todesfall gegenüber den Angehörigen kurzerhand als Selbstmord oder Unfall deklariert. Die sowjetischen Behörden nahmen es mit der Wahrheit nie so genau.

Hin und wieder lüftete sich ein Zipfel von der Decke des großen Schweigens – etwa 1983, als bei Frankfurt/Oder ein Zug einen sowjetischen Gefreiten überrollte, der leblos auf den Schienen lag. Die Deutschen, die ihn fanden, konnten deutlich sehen, dass seine Kleidung Schleifspuren aufwies und sein Körper Spuren von Misshandlung. Auch hatte der Lokführer uniformierte Männer bei den Gleisen bemerkt. Alles sah nach einer internen Hinrichtung aus. Doch bevor man hätte ermitteln können, erschienen wie üblich die Russen auf der Bildfläche, nahmen den Leichnam in Gewahrsam und befahlen den DDR-Polizisten, den Fall als Selbstmord abzuhaken.

Oft, wenn die sowjetischen Behörden auf solch rigorose Weise einschritten und jede Strafverfolgung an sich rissen, musste es für die DDR-Bürger so aussehen, als würden die betreffenden Täter von ihren eigenen Leuten gedeckt, als kämen sie ungeschoren davon. Doch davon konnte keine Rede sein. Wurde ein Gesetzesbrecher gefasst, so war es Usus, ihn halbtot zu prügeln und in einen dunklen Keller zu sperren, bevor man ihn dem Gericht übergab. Die sowjetische Militärjustiz agierte drakonisch und gnadenlos; bei Desertionen oder Tötungsdelikten wurde häufig die Todesstrafe verhängt. Namentlich die Desertion war traditionell mit einem besonderen Tabu belegt. Entfernung von der Truppe galt selbst in Friedenszeiten als Fahnenflucht, als abgrundtief verwerflicher Treuebruch am Vaterland, der nicht hart genug zu ahnden war.

Umso bemerkenswerter ist die hohe Zahl der Desertionen bei den sowjetischen Streitkräften; sie betrug im Schnitt etwa fünfhundert pro Jahr. Es muss wirklich schlimm um die Lebensbedingungen in den Kasernen gestanden haben, wenn sich so viele der Soldaten über ein fast heiliges Gebot hinwegsetzten und lieber das nackte Leben riskierten, als vorschriftsmäßig bei ihrer Einheit zu bleiben. Die meisten wollten nicht in den Westen flüchten, sondern über die Ostgrenze in die Heimat, wo sie auf Schutz und Geborgenheit hofften. Es war das Heimweh, das diesen verzweifelten jungen Männern am meisten zu schaffen machte, das sie buchstäblich ihres Verstandes beraubte. Doch natürlich hatten sie, orts- und sprachunkundig sowie finanziell meist mittellos, wie sie waren, so gut wie keine Chance, ihre Heimat zu erreichen. Blieb ein Soldat zwei Tage abgängig, so wurde er zur Fahndung ausgeschrieben, und bei dieser Fahndung vereinten sich deutsche Gründlichkeit und russische Schlagkraft zu solcher Effektivität, dass kaum je ein Gejagter durch die Maschen schlüpfte.

1985 wurde ein desertierter Soldat, der bei Jena in eine Straßensperre geriet, von achtzig Kugeln förmlich durchsiebt. Ein anderer Deserteur stach in Panik mit dem Messer auf eine ältere Frau ein, als sie ihn bei einem Einbruch ertappte. Er wurde schnell gefasst und vor ein sowjetisches Militärgericht gestellt. Als die Nichte der getöteten Frau, die dort als Zeugin geladen wurde, den Deserteur erblickte, war sie basserstaunt: Das sollte der russische Killer sein, der ihre Tante abgestochen hatte? Aber der war ja noch ein halbes Kind, so ein schmales Bürschchen und so verängstigt! Auch ihn hatten seine Kameraden so lange gedemütigt und gequält, bis er keinen Ausweg mehr sah als die Flucht; und so war er vom Opfer zum Täter geworden, zu einem Mörder für den Rest seines Lebens.

Das ist der Kontext, in dem sich jene Schießerei Unter den Linden vom 16. Juni 1978 ereignete, deren Zeugin oder gar Opfer ich beinahe geworden wäre. Und hier ist das, was ich darüber in Erfahrung bringen konnte: Mindijan Aubakirow, der „geistesgestörte Sowjetsoldat", war am Tag zuvor, bewaffnet mit einer Kalaschnikow, aus der Kaserne entflohen und hatte einen Kleinbus geklaut. Gut möglich, dass er zu diesem Zeitpunkt wirklich geistesgestört gewesen ist – geistesgestört infolge äußerster Verzweiflung und Verlassenheit; denn wie heißt es so richtig bei Lessing: Wer über gewisse Dinge den Verstand nicht verliert, der hat keinen zu verlieren. Im Gegensatz zu den meisten Deserteuren floh Aubakirow nicht in Richtung Osten, sondern ins Berliner Zentrum, geradewegs auf die Mauer zu. Es wird vermutet, dass er am Checkpoint Charley einen Grenzdurchbruch plante. Doch Unter den Linden kollidierte sein Kleinbus mit einem sogenannten Westwagen: Er gehörte einem Amtsrat von der Ständigen Vertretung der BRD in der DDR, der just zum Mittagessen heimfahren wollte. Wahrscheinlich waren die Jäger zu diesem Zeitpunkt Aubakirow schon dicht auf den Fersen, so dass der Unfall in der Wirrnis einer Verfolgungsjagd geschah. Auf jeden Fall waren nach der Kollision augenblicklich Volkspolizisten zur Stelle, und als sie sich dem Unfallort näherten, eröffnete Aubakirow, der sich hinter dem Kleinbus verschanzt hatte, mit seiner Kalaschnikow das Feuer. Es kam zu einer wilden Schießerei, bei der es mehrere Verletzte gab, darunter auch besagten westdeutschen Amtsrat, dessen Wagen mehrere Einschüsse davontrug. Nach wenigen Minuten musste Aubakirow, von einer Übermacht umzingelt, erkennen, dass weiterer Widerstand zwecklos war. Er versuchte, sich selbst zu erschießen, aber das gelang ihm nicht. Die Polizisten nahmen ihn fest.

Das Aufsehen war so groß, dass die DDR-Behörden, um vor der Welt das Gesicht zu wahren, erstmals in der Geschichte der Nachkriegszeit offiziell Haftbefehl gegen einen sowjetischen Soldaten stellten. Doch das blieb natürlich nur eine hohle Geste. Unter der Hand wurde der Täter auch diesmal an die „Freunde" ausgeliefert. Es heißt, sie hätten Aubakirow schon zwei Tage nach dem Vorfall, also am 18. Juni 1978 an die Wand gestellt – eine Information, die nicht belegbar, doch nach allem, was man über die Praktiken der sowjetischen Militärjustiz weiß, leider sehr wahrscheinlich ist. Aubakirow wird auch in der Opferliste des Mauermuseums am Checkpoint Charley unter diesem Todesdatum geführt.

Danach berichtete die „Aktuelle Kamera" wieder von

Produktions- und Ernteerfolgen, das Land war friedlich und langweilig wie immer, und wenn ich mit meiner Freundin im Lindencorso zu Mittag aß, passierte uns nichts Aufregenderes als ein flüchtig-harmloser Flirt. Doch den „geistesgestörten Sowjetsoldaten" behielt ich in Erinnerung, und als nach der Wende bekannt wurde, was für ein gigantischer Eisberg unter der friedlichen Oberfläche der DDR getrieben hatte, dachte ich an ihn als an denjenigen, der mich die Spitze dieses Eisbergs erstmals hatte sehen lassen.

Teil III

Ostblock-
staaten

Der Geist, der immer weitermarschiert

Wie der Schwede Raoul Wallenberg im sowjetischen Gulag verschwand

1953 wurde in Budapest mal wieder ein Schauprozess vorbereitet, einer von vielen, die Stalins Vasallen in ihrem Machtbereich über sogenannte Volksfeinde verhängten. Drei führende Mitglieder des Gemeinderats der Juden in Budapest wurden beschuldigt, den schwedischen Diplomaten Raoul Wallenberg im Zuge einer „zionistischen Verschwörung" entführt und umgebracht zu haben. Doch verhaftet wurden nicht nur die drei Angeklagten, sondern auch zwei Mitarbeiter Wallenbergs von der schwedischen Botschaft, die das Pech hatten, ihn als Letzte in Budapest gesehen zu haben.

Die Prozessvorbereitung lief exakt nach den Regeln der stalinistischen Rechtsprechung ab: Es gab keinerlei Sachbeweise, dafür aber eine Art Szenarium, das Inhalt und Verlauf des Prozesses vorgab. Es gab Gefangene, die für ihren Auftritt vor Gericht so zu präparieren waren, dass ihre Aussagen dem Szenarium entsprachen, und es gab ein Prozessziel, ein im Voraus feststehendes Urteil, das meist die Todesstrafe verhieß. In diesem Fall

sah das Szenarium vor, dass die drei jüdischen Angeklagten gestanden, Raoul Wallenberg Mitte Januar 1945
im Keller der amerikanischen Botschaft (sic!) in Budapest ermordet zu haben, während die beiden Bot-
schaftsmitarbeiter als „Augenzeugen" auftreten sollten.
Über Monate bläute man den fünf Männern ihre Rollen
auf das Gründlichste ein. Sie wurden physisch und psy-
chisch so schwer gefoltert, dass sie am Ende bereit
waren, alles auszusagen, was ihre Peiniger hören wollten.

Der Befehl zur Durchführung des Prozesses kam von
Stalin höchstpersönlich, und zwar in der Phase der
„Ärzteverschwörung", seines letzten großen Wahnbilds.
Allerdings waren zionistische Verschwörungen von
jeher sein bevorzugtes Konstrukt gewesen; in den
Schauprozessen der Stalin-Ära gab es stets auffällig
viele Angeklagte jüdischer Herkunft, die als „Volksfeinde" entlarvt und verurteilt wurden. Doch der Wal-
lenberg-Prozess von Budapest ist durch Antisemitismus
allein nicht zu erklären. Der Aufwand, mit dem er betrieben wurde, hing in der Hauptsache mit der schon
damals legendenumwobenen Person des Raoul Wallenberg zusammen. Er war in der geplanten Justizfarce der
unsichtbare Protagonist.

Raoul Wallenberg, Jahrgang 1912, entstammte einer
der mächtigsten Industriellenfamilien Schwedens. In
seinen Jugendjahren hatte er das wurzellose Leben
eines reichen jungen Mannes geführt, dem alle Möglichkeiten der Bildung und Welterfahrung offen standen:
hatte studiert, ohne einen Beruf zu finden, war gereist,
ohne ein Ziel zu finden, hatte sich in dieser und jener
Arbeit versucht, ohne Erfüllung zu finden. Eher zufällig
landete er in den späten 1930er Jahren bei einer Han-
delsfirma, deren Inhaber ein ungarischer Jude war. Dieser fand es zunehmend schwierig, Geschäftsreisen nach

Raoul Wallenberg (1912-????)

Ungarn zu unternehmen, wo das profaschistische Horthy-Regime an der Macht war. Also übernahm Raoul Wallenberg nach und nach die gesamte Reisetätigkeit der Firma. Bald sprach er fließend ungarisch und kannte Budapest wie ein Einheimischer.

Im Frühjahr 1944 eskalierte dort die Lage: Hitler überwarf sich mit dem Horthy-Regime und ließ die Wehrmacht in Ungarn einmarschieren. Kaum stand das Land unter deutscher Besatzung, als auch schon in Budapest ein SS-Kommando unter Leitung Adolf Eichmanns eingesetzt wurde, das die Aufgabe hatte, alle Budapester Juden in Vernichtungslager zu deportieren oder vor Ort zu liquidieren. Massenerschießungen und Todesmärsche von Juden waren an der Tagesordnung.

Der „ungarische Holocaust" forderte mehr als eine halbe Million Todesopfer.

In den USA gründete sich das „War Refugee Board", ein Hilfskomitee für die verfolgten europäischen Juden. Seine Träger waren wohlhabende US-amerikanische Juden, und seine Plattform in Europa war das politisch neutrale Schweden. Hier wurde die Idee geboren, den ungarischen Juden über diplomatische Kanäle zu helfen, wie es die Schweizer Botschaft in Budapest bereits seit Jahr und Tag praktizierte. Auf Empfehlung seines ungarischen Geschäftspartners, der dem War Refugee Board angehörte, betraute man Raoul Wallenberg mit der Leitung dieser Mission. Über die Beziehungen seiner Familie verschaffte er sich einen Posten bei der Schwedischen Gesandtschaft in Budapest. Dort sollte fortan sein Platz sein – dort sollte er seine Lebensaufgabe finden. Schon im Vorfeld gelang es ihm und seinen amerikanischen Geldgebern, sich die Unterstützung der schwedischen Regierung für die Hilfsaktion zu sichern. Als Raoul Wallenberg im Sommer 1944 in Budapest eintraf, hatte er lange Namenslisten jüdischer Bürger und Unmengen von Schutzpässen im Gepäck, die ihren Trägern Sicherheit vor dem Zugriff des Eichmannkommandos garantierten.

Die Schutzpässe wurden von der schwedischen Regierung für Personen ausgegeben, die familiäre oder geschäftliche Beziehungen zur schwedischen Nation unterhielten und denen man aus diesem Grund die Einreise nach Schweden gestattete; solche Personen standen auch auf Raoul Wallenbergs Namenslisten. Schon diese waren großzügig aufgestellt worden, ohne die „Beziehungen" genau zu hinterfragen. Doch Raoul Wallenberg ging in Budapest noch viel weiter. Sein Plan sah vor, so viele Juden wie möglich unter schwedischen Schutz zu stellen. Zu Tausenden verteilte er seine

Schutzpässe unter der jüdischen Bevölkerung, ließ sie vielfach nachdrucken, um nicht zu sagen: fälschen. Er mietete zusammen mit Schweizer Diplomaten in Budapest sogenannte Schutzhäuser zur Unterbringung jüdischer Bürger an und tarnte sie mit Aufschriften wie „Schwedische Bibliothek" oder „Schwedisches Forschungszentrum". Er gewann sich etliche Helfer, sowohl aus Diplomatenkreisen als auch aus dem illegalen Widerstand, bis er am Ende einer richtigen kleinen Bewegung von mehreren Hundert Menschen vorstand. Und er wurde zum roten Tuch für Adolf Eichmann, der zähneknirschend drohte, den „Judenhund" erschießen zu lassen.

Verbürgt sind nachgerade filmreife Szenen: Auf dem Budapester Bahnhof, wo die deportierten Juden die Züge nach Auschwitz besteigen mussten, kletterte Raoul auf das Dach eines Waggons, ohne sich um die Proteste der SS-Leute zu kümmern, und fragte laut nach Inhabern von schwedischen Schutzpässen. Wer sich meldete, bekam sogleich an Ort und Stelle einen solchen Schutzpass ausgeschrieben, wobei auf einer Liste ein imaginärer Name abgehakt wurde. Ein andermal stellte sich Wallenberg zusammen mit seinen Mitarbeitern auf offener Landstraße einem Todestransport in Richtung Österreich entgegen, verteilte Essen und brachte mehr als zweihundert Personen als „Schutzpassinhaber" nach Budapest zurück.

Noch weit mehr Menschen rettete er, indem er die Zerstörung des jüdischen Ghettos von Budapest verhinderte. Das geschah im November 1944, als die Rote Armee schon vor den Toren stand und die Deutschen ihren Abzug vorbereiteten. Doch zuvor planten sie, auf Befehl ihres Führers das jüdische Ghetto in die Luft sprengen, in dem noch immer um die 70.000 Menschen lebten. Als Raoul Wallenberg das erfuhr, ließ er sich umgehend beim Oberbefehlshaber der deutschen Wehrmachtstruppen in Ungarn, Generalmajor Schmidhuber melden und setzte den Mann massiv unter Druck: Wenn er diesen Massenmord befehle, werde man ihn nach dem Krieg zur Rechenschaft ziehen, dafür werde er, Wallenberg, persönlich sorgen. Und Schmidhuber, das nahe Ende seines Führers und seines Staates vor Augen, nahm tatsächlich von dem mörderischen Vorhaben Abstand.

Im Januar 1945 stand der Sieg der Russen unmittelbar bevor. In Ungarn atmete man durch und hoffte auf eine bessere Zukunft. Auch Raoul Wallenberg wähnte sich vor dem Happy End und entwickelte schon Pläne für die Nachkriegszeit: Er wollte internationale Hilfslieferungen im großen Stil organisieren, um die Not seiner Schützlinge zu lindern. Man kann sich gut vorstellen, wie sein Leben nach dem Krieg hätte aussehen können: Als anerkannter „Engel von Budapest" hätte er höchste Ehrungen empfangen, er wäre vor Schulklassen aufgetreten, und die dankbaren Juden, die er rettete, hätten ihn in Kuchen und Umarmungen erstickt. Was für ein Segen wäre ein solcher Mann für das Europa der Nachkriegszeit gewesen! Was hätte er mit seinem Renommee, seinem Einfluss und seiner Durchsetzungskraft nicht Positives bewirken können!... Doch eine Nachkriegskarriere war ihm nicht beschieden. Just an dem Punkt, da sie starten sollte, nahm seine Geschichte völlig unpassenderweise eine tragische und absurde Wendung.

Mitte Januar 1945 fuhr Wallenberg ins Hauptquartier der Roten Armee an der ungarischen Front, das damals westlich von Budapest in Debrecen lag. Der russische Oberbefehlshaber Marschall Malinowsky hatte ihn dorthin beordert, angeblich für eine Befragung. Nach anderen Quellen hatte Wallenberg selbst den Kontakt mit Malinowsky gesucht, weil er die Russen um Unterstützung für sein neues Hilfsprojekt bitten wollte. Sicher ist, dass sich Raoul, der vor den Deutschen immer auf der Hut gewesen war, den Russen vertrauensvoll in die Hände gab. Man hat ihn deshalb als naiv bezeichnet, aber das war eine Art von Naivität, die in jenen Tagen viele Menschen teilten. Damals wusste man in Europa noch wenig über die Verbrechen und den Geist des Stalinismus. Die Russen zählten zu den alliierten Siegermächten und galten als Befreier vom Joch Hitlerdeutschlands, als Verbündete im Kampf für das Gute, als Kulturnation, die sich an die Gesetze des Völkerrechts und der Diplomatie hielt. Raoul Wallenberg war nicht der Einzige, der diesen Irrglauben mit dem Leben bezahlte.

Heute weiß man, dass der sowjetische Innenminister Nikolai Bulganin höchstpersönlich Order gab, Raoul Wallenberg nach Moskau bringen zu lassen. Wie es scheint, lag eine Denunziation vor, die ihn der Spionage für amerikanische Geheimdienste bezichtigte. Der Denunziant war vermutlich Vilmos Korn, damals Botschafter Ungarns in Schweden und Geheimagent des KGB; nach anderen Quellen wurde Raoul von einem seiner eigenen Kollegen in der Schwedischen Botschaft denunziert. Ohnehin gab Raoul Wallenberg für die Spionagehysterie der Russen ein denkbar geeignetes Objekt ab. Schon seine Verbindung zum War Refugee Board, das die Mission von Budapest initiiert und finanziert hatte, muss ihnen suspekt gewesen sein; hinzu kam, dass Wallenberg in der Tat Kontakte zu Personen hatte, die für das FBI tätig waren, etwa innerhalb der ungarischen Partisanenbewegung MFM. Zwar dienten diese Kontakte sämtlich dem Widerstand gegen die deutschen Besatzer und hatten keinen Bezug zur Sowjetunion. Doch nach stalinistischer Logik machte sich jeder, der einen feindlichen Spion auch nur flüchtig kannte, selbst der Spionage verdächtig.

Es könnte auch noch andere Gründe gegeben haben, die einen Mann wie Raoul Wallenberg für die Russen zu einem guten Fang machten. Da war sein Einfluss als „Engel von Budapest", der ihnen nach dem Krieg hätte lästig oder gar gefährlich werden können, denn die Russen planten, Ungarn ihrem eigenen Machtbereich zuzuschlagen. Da war Wallenbergs Herkunft aus einer mächtigen Industriellenfamilie, die ihn nicht nur als ein wertvolles Austauschobjekt erscheinen ließ, sondern auch als möglichen Träger von brisanten Informationen. Auf jeden Fall wurde Wallenberg nach Moskau verschleppt und in der Lubjanka mehrmals verhört. Auch ein Aufenthalt im Lefortowo-Gefängnis gilt nach heutigen Erkenntnissen als sicher. Alles Weitere liegt im Dunkeln.

Die Russen ließen offiziell über den ungarischen Rundfunk verbreiten, dass Raoul Wallenberg und sein Fahrer auf der Landstraße nach Debrecen in einen Hinterhalt gerieten und erschossen wurden, mutmaßlich von versprengten Pfeilkreuzlern. Zugleich aber wurde unter der Hand von russischer Seite angedeutet, dass man zu einem Austausch Wallenbergs gegen einen KGB-Spion bereit sei. Zwei Schweizer Diplomaten, die etwa zeitgleich mit Wallenberg verschleppt worden waren, konnten auf diese Weise freigekauft werden. Im Juni 1946 gewährte Stalin dem schwedischen Botschafter in Moskau Staffan Söderblom eine Audienz, die Wallenbergs Verschwinden zum Thema haben sollte. Doch Söderblom sprach gleich eingangs beflissen seine feste Überzeugung aus, dass Wallenberg von Räubern ermordet worden sei und dass die Große Sowjetunion mit seinem Verschwinden nichts zu tun habe. Daraufhin wurde die Audienz, die auf eine Stunde angesetzt war, nach nicht einmal fünf Minuten beendet. Man mag nur ungern an die Möglichkeit glauben, dass der Botschafter einen Austausch oder Freikauf Wallenbergs verhindert hat, indem er Stalin allzu tief in den Arsch kroch. Es hätte etwas Diabolisches, wenn einem Mann, der so viel zum Ruhm der schwedischen Diplomatie getan hat, ausgerechnet ein Versagen derselben zum Verhängnis geworden wäre.

In den nächsten Jahren leugneten die Russen strikt, mit dem Verschwinden Wallenbergs auch nur das Geringste zu tun zu haben. Doch die Weltöffentlichkeit war weniger gutgläubig als der schwedische Botschafter; auch wurden immer mehr Indizien bekannt, die auf die Wahrheit hindeuteten. Wallenbergs Familie ließ nicht locker, sie betrieb mit Vehemenz die Suche nach ihrem verlorenen Sohn und mobilisierte dafür viele Menschen. Auch die von Wallenberg geretteten Juden bildeten in ihrer Dankbarkeit und in ihrer Bereitschaft, sich für ihn einzusetzen, eine nicht zu unterschätzende Macht. Allmählich geriet die Sowjetunion unter internationalen Druck. Die Konstellation drohte peinlich zu werden. Raoul Wallenbergs Verschwinden musste „aufgeklärt" und die Sowjetunion von jeder Schuld daran gereinigt werden.

In dieser Lage verfiel Stalin auf das probate Mittel des Schauprozesses und ließ in Budapest jene Gerichtsfarce inszenieren, von der bereits eingangs die Rede war. Geständige, tief reuige Angeklagte, präparierte Augenzeugen – alles wurde nach bewährter Schablone gerichtet, und der damalige ungarische Regierungschef Matyas Rakosi machte während der Prozessvorbereitungen seinem Ruf als „Stalins bester Schüler" alle Ehre. Nicht einmal Stalins Tod im Frühjahr 1953 vermochte den Verfolgungseifer seiner ungarischen Gefolgsleute zu bremsen. Erst Monate später, nach Berijas Entmachtung

und den ersten vorsichtigen Tauwetterzeichen, entschloss man sich, auf den Prozess zu verzichten. Man
päppelte die Angeklagten auf und ließ sie, als sie wieder
präsentabel waren, frei. Für einen von ihnen, Miksa Do-
monkos, den Vorsteher der Budapester jüdischen Ge-
meinde, kam die Kehrtwende allerdings zu spät: Kurz
nach seiner Freilassung erlag er den Folgen monatelan-
ger schwerer Folter.

Danach vergingen nochmals Jahre, bis die Russen
1957 erstmals zugaben, Raoul Wallenberg in ihre Gewalt gebracht zu haben. Es war die Zeit des Tauwetters
und der politischen Enthüllungen, so dass man Wallenbergs Verschleppung als stalinistisches Verbrechen dar-
stellen und sich offiziell davon distanzieren konnte.
Über das fernere Schicksal Wallenbergs gibt es mittlerweile verschiedene Auslassungen von russischer Seite,
doch zuverlässig und belegt ist keine einzige von ihnen,
egal, ob sie aus diplomatischen Noten, aus Memoiren
von KGB-Offizieren oder aus der Spionageszene stam-
men. In der ersten Erklärung, der „Gromyko-Note", hieß
es, Raoul Wallenberg sei eines Morgens tot in seiner
Zelle aufgefunden worden, vermutlich einem Herzin-
farkt erlegen. Andere Quellen wollen wissen, er sei
durch eine Giftspritze getötet worden, da er sich weigerte, mit Stalin zu kooperieren. Auch eine Exekution
durch Erschießen ist in diesem Zusammenhang behauptet worden. Eine weitere, verhältnismäßig glaub-
hafte Version lautet dahin, dass er in der Lubjanka
während eines Verhörs gestorben sei, bei dem man ihn
unter Drogen setzte, um ihm Informationen zu entlo-
cken; damals experimentierten die Russen mit verschiedenen Substanzen, die Menschen gegen ihren Willen
zum Sprechen bringen sollten. In fast all diesen Versio-
nen wird als Todeszeitpunkt der Sommer 1947 angege-
ben.

Andererseits traten in den folgenden Jahrzehnten immer wieder Menschen auf den Plan, die unabhängig voneinander bezeugten, Raoul Wallenberg auch später noch im sowjetischen Gulag gesehen zu haben. Ein KGB-Häftling will ihm 1949 auf dem Weg ins Arbeitslager Workuta begegnet sein. Ein anderer sah ihn auf der Insel Wrangel. 1961 kam auf einem Medizinerkongress eine schwedische Ärztin mit einem russischen Kollegen ins Gespräch, der beiläufig erwähnte, Raoul Wallenberg befinde sich in einer psychiatrischen Anstalt bei Moskau. Als die Ärztin daraufhin Alarm schlug, zog der Russe sein Statement hastig wieder zurück. 1965 wurde erneut über einen Austausch von Spionen verhandelt, für den angeblich auch Wallenberg im Gespräch war; dabei soll ein sowjetischer Unterhändler versichert haben, er sei am Leben. Die Verhandlungen zerschlugen sich, doch Raoul Wallenberg geisterte auch weiterhin durch Erinnerungsbücher und Gulag-Berichte, als „Gefangener Nr. 7" oder als „alter Schwede". Noch Ende der 1980er Jahre wollen Zeugen ihn lebend gesehen haben.

Die Folge war, dass der Fall Wallenberg niemals geklärt und abgeschlossen wurde. Die Welt konnte den Mann nicht aufgeben, weil sie nie Gewissheit über sein Schicksal erlangte. Viele Menschen nicht nur in Schweden engagierten sich für ihn und forschten seinem Verbleiben nach. Mehrere Mitglieder der Wallenberg-Familie machten die Suche nach ihm zu ihrem hauptsächlichen Lebensinhalt. Archivmaterialien wurden durchforstet, Kommissionen eingesetzt, Befreiungsaktionen in Sibirien geplant – vergeblich. Raoul Wallenberg blieb verschollen. Auch die Öffnung der russischen Archive nach dem Zusammenbruch der Sowjetunion hat dieses Geheimnis nicht gelüftet.

Vielleicht gab es ja auch gar kein Geheimnis zu lüften. Heute tendieren die meisten Historiker zu der Auffas-

Heiligenverehrung: Wallenberg-Denkmal in Budapest

sung, dass Raoul Wallenberg 1947, spätestens aber 1949 starb oder getötet wurde. Wenn man das doch nur mit Sicherheit wüsste! Dann könnte man sich innerlich beruhigen und einen Schlussstrich unter diese traurige Geschichte ziehen. Vielleicht könnte man irgendwann sogar schmunzeln über den Geist des Raoul Wallenberg, der die Russen immer weiter verfolgte und plagte, nachdem seine leibliche Hülle längst zerstört war – „His soul goes marching on", wie es in einem altmodischen Kampflied heißt. Welch schöne Metapher wäre dieser Geist für den Sieg einer großen Seele über brutalen politischen Terror – und welche Schande wäre er für die sowjetischen Machthaber, die gelogen und gelogen hatten, bis ihnen niemand mehr irgendetwas glaubte, selbst als sie die Wahrheit sprachen. Sie hatten im Namen ihrer Ideologie weit mehr und weit schlimmere Verbrechen begangen, die ungesühnt im Dunkel der Geschichte versanken; doch dieses eine blieb im Fokus der

Weltöffentlichkeit und verklagte die Schuldigen stets aufs Neue. Andere Skandale werden rasch vergessen und von neuen Schlagzeilen verdrängt. Dieser schwelte im Untergrund fort, solange die Sowjetunion bestand, eine offene Wunde, die niemals vernarbte, eine stets erneuerte Mahnung und Warnung, wozu dieses Regime imstande war.

Doch eben hier liegt auch der Stachel eines angstvollen Argwohns, eines ewigen Zweifels, und der piekt nicht die Russen, sondern uns selbst: Was, wenn sie Raoul doch am Leben ließen? Wenn er noch Jahrzehnte lang in Arbeitslagern und psychiatrischen Anstalten vegetierte, ohne dass ihm jemand half? Die Berichte, die für diese Möglichkeit sprechen, sind teilweise sehr konkret und glaubhaft. Auch waren die Russen durchaus imstande, einen Mann, der ihnen wichtig erschien, im Hinblick auf irgendeinen späteren Schachzug unbegrenzt gefangen zu halten; in anderen Fällen war dergleichen zweifellos geschehen. Was hätte diese Leute auch hindern sollen – Erwägungen des Völkerrechts? Des Mitgefühls? Des Respekts vor Wallenbergs Verdiensten? Dergleichen findet keinen Eingang in stalinistische Gehirne.

Doch falls Raoul Wallenberg tatsächlich ein ganzes langes Leben im Gulag verbrachte, haben dann nicht all diejenigen versagt, die ihn liebten und ihm dankbar waren? Sie haben ihn mit allen erdenklichen Orden und Ehrentiteln überhäuft. Sie haben ihm Denkmäler errichtet. Sie haben Straßen und Schulen nach ihm benannt. Sie haben Bücher über ihn geschrieben und Filme über ihn gedreht – unvergessen, wie der schöne Richard Chamberlain als „Engel von Budapest" mit elegischem Blick durch die Trümmer schreitet. Es ist ein schwer erträglicher Gedanke, dass Raoul während all der Zeit, da er für die Welt zum Objekt der Heiligenverehrung wurde, ein lebendiger, fühlender Mensch war, der abgetrennt von den Fäden der Zivilisation und ohne Hoffnung auf ein Ende dieses Zustands ein Martyrium durchlitt – in Sibirien Zwangsarbeit leistete oder in einer sowjetischen Klapsmühle unter Drogen stand. Verständlich, dass Raouls Mutter Maj von Dardell diese Ungewissheit auf die Dauer nicht ertrug und sich 1979 zusammen mit ihrem zweiten Mann das Leben nahm.

Damals waren sämtliche Bemühungen zur Rettung Wallenbergs gescheitert – und was für klägliche Bemühungen! Nachdem die Angriffe der Diplomatie an der russischen Betonmauer abgeprallt waren, begannen die artigen Schweden, nach anderen Möglichkeiten zu suchen, um Raoul Wallenberg, an dessen Tod sie nicht glaubten, aus dem Gulag nach Hause zu holen. So wie der Judenmörder Adolf Eichmann, Wallenbergs Budapester Gegenspieler, nur durch eine illegale Aktion seiner gerechten Strafe zugeführt werden konnte, während alle legalen Mittel versagten, so wollte man den Judenretter Wallenberg mit einer illegalen Aktion seiner gerechten Belohnung zuführen.

Die Schauspielerin Sonja Sonnenfeld, damals Leiterin des Stockholmer Raoul-Wallenberg-Komitees, schildert in ihrem Erinnerungsbuch "Es begann in Berlin – Ein Leben für Gerechtigkeit und Freiheit", wie sie abenteuerliche Befreiungsaktionen für ihren Lieblingshelden plante – in völliger Unkenntnis, wo genau er sich befand, und in völliger Unkenntnis der russischen Gegebenheiten. Das Herz tut einem weh, wenn man ihren fröhlich-ahnungslosen Ausführungen folgt. Natürlich ist es immer bei der Planung geblieben – um nicht zu sagen, bei ohnmächtigen Phantastereien von Buschpiloten oder verkleideten Helfern, die ins Lager einzuschleusen waren. Selbst wenn Raoul zu diesem Zeitpunkt tatsächlich noch am Leben gewesen sein sollte, diesen ungeschickten Idealisten hätte seine Befreiung nie gelingen können.

Mittlerweile ist Wallenberg zweifellos tot, und tot sind auch fast alle, die ihn kannten und die sich sein Schicksal zu Herzen nahmen. Die Erinnerung an ihn verblasst – schon weiß kaum jemand mehr, von wem eigentlich die Raoul-Wallenberg-Straße ihren Namen hat. Er ist zu einer Person der Geschichte geworden, einer archaisch fernen Geschichte, die den heute Heranwachsenden so fremd ist wie die Zeit der Bauernkriege. Dieser Bericht will dazu beitragen, dass sein Andenken lebendig bleibt, dass seine Seele weitermarschiert wie in jenem altmodischen Kampflied – nicht weil er ein nobler Retter war und nicht, weil er ein Stalinismusopfer war, sondern weil er beides zugleich war. Die Nazis machten ihn zum Helden, die Kommunisten zum Märtyrer. In dieser Doppelbelichtung erfüllte sich sein Schicksal, das wie kaum ein zweites geeignet ist, das Wirken der beiden dunklen Mächte, die das 20. Jahrhundert beherrschten, für die Nachgeborenen fassbar werden zu lassen.

Eine Leiche zum Geburtstag

Wie der bulgarische Geheimdienst im James-Bond-Stil Regimegegner zur Strecke brachte

Was schenkt man einem Diktator, der schon alles hat, zum Geburtstag? Richtig, man legt ihm die Leiche seines Feindes auf den Gabentisch.

Ob sich Todor Zhivkov, Regierungschef im kommunistisch regierten Bulgarien, wirklich einen Mord zum Geburtstag wünschte, werden wir wohl nie erfahren. Aber Fakt ist, dass der von Zhivkov angeordnete Mordanschlag, dem der Exilbulgare und Regimekritiker Georgi Markov zum Opfer fiel, genau am 7. September 1978, dem 67. Geburtstag des Diktators stattfand; und nach allem, was wir über Zhivkov wissen, könnte die Nachricht vom erfolgreichen Vollzug dieses Anschlags durchaus zu seinen Geburtstagsfreuden gezählt haben.

Das kommunistische Regime brachte eine derart imposante Reihe von Diktatoren hervor, dass sich der Bulgare Todor Zhivkov, Herrscher in einem eher unbedeutenden Satellitenstaat der Sowjetunion, im Vergleich mit ihnen schon zu Lebzeiten wie eine unscheinbare Figur ausnahm und nach seinem Tod schnell vergessen wurde. Tatsächlich stand er keinem anderen Diktator an Durchsetzungsvermögen oder Grausamkeit nach

Diktator für Jahrzehnte: Todor Zhivkov (1911-98)

und prägte in seinem Land eine ganze Ära, deren Geist bis heute fortwirkt. Allein die Länge seiner Regierung erstaunt: Schon 1954, im zarten Alter von nur 43 Lenzen, wurde er zum Generalsekretär der Kommunistischen Partei Bulgariens ernannt und blieb es ohne Unterbrechung bis zum Zusammenbruch des Systems im Jahre 1989. Kein anderer Politiker des Ostblocks war je so jung an die Macht gelangt, und kein anderer hatte sich auch nur annähernd so lange dort gehalten. Todor Zhivkov überstand, einem Stehaufmännchen gleich, mehrere Kurswechsel seiner Partei, einen militärischen Putschversuch im Jahre 1965 und eine Vielzahl von Intrigen und Anfeindungen. Sein Erfolgsrezept war einerseits die unbedingte Devotion gegenüber der jeweiligen sowjetischen Führung – er schlug allen Ernstes vor, Bulgarien als Teilrepublik an die Sowjetunion anzuschließen – und andererseits eine gnadenlose Härte gegen vermeintliche oder tatsächliche Gegner.

Gleich in den frühen Nachkriegsjahren fügten die bulgarischen Kommunisten der Geschichte ihres Landes ein blutiges Kapitel hinzu: In den Tagen des „Roten Terrors" ließen sie über ihre „Volksgerichte" Tausende von Menschen hinrichten: Intellektuelle, Tito-Anhänger, Vertreter unabhängiger Parteien... Ab Mitte der 1950er Jahre trat die gewünschte Friedhofsruhe ein: Jedwede Opposition war zerschlagen. Zwar gab es wie in allen Ostblockländern auch in Bulgarien eine kleine Zahl von Dissidenten, die Freiraum und Reformen anmahnten, doch gegen die Darschawna Sigurnost, Zhivkovs allgegenwärtigen Geheimdienst, hatten sie einen schweren Stand. Den meisten Andersdenkenden blieb nur die Flucht ins westliche Ausland.

Aber selbst dort waren sie nicht sicher, denn die Darschawna Sigurnost hatte einen langen Arm. Nach dem Zusammenbruch des Zhivkov-Imperiums fand man ein geheimes Memorandum des Politbüros der BKP aus dem Jahre 1973, in dem die „Planung, Vorbereitung und Ausführung ernster Agenten- und aktiver Operationen auf dem Hoheitsgebiet der kapitalistischen oder Entwicklungsländer gegen feindliche Ziele" geregelt wurde. Mit „feindlichen Zielen" sind Menschen gemeint, die sich durch Flucht ins kapitalistische Ausland dem Zugriff der bulgarischen Strafverfolgung zu entziehen hofften, und die Formulierung „ernste Operationen" umschreibt nichts anderes als Mordaufträge von allerhöchster staatlicher Stelle. Es sind etliche Fälle bekannt, in denen diese Weisung umgesetzt wurde. Zwar blieb es meist bei Mordversuchen, doch bisweilen gelangte ein Plan zur Vollendung. Am bekanntesten wurde das sogenannte „Regenschirm-Attentat" von London auf den Schriftsteller Georgi Markov, das den Blick einer breiten Öffentlichkeit auf die Praktiken von Zhivkovs Geheimdienst lenkte.

Georgi Markov zählte damals zu den bekanntesten Autoren Bulgariens. Die Rolle des Staatsfeinds und Dissidenten war ihm keineswegs in die Wiege gelegt. Im Gegenteil: Zu Beginn seiner Schriftstellerlaufbahn wurde er vom System gefördert und hofiert. Gleich sein erster Roman „Männer", der in der sozialistischen Produktion spielt, brachte ihm einen Staatspreis ein und öffnete ihm alle Türen des staatlich gelenkten Kulturbetriebes. Er schrieb Theaterstücke, Essais und Prosa, alles mit erstaunlichem Publikumserfolg, und als auch noch Zhivkov höchstpersönlich auf den jungen Überflieger aufmerksam wurde und ihn zu seinem Lieblingsschriftsteller erkor, galt er endgültig als ein gemachter Mann. Eine Zeitlang bestand zwischen Autor und Diktator etwas wie eine persönliche Freundschaft. Markov ging mit Zhivkov auf die Jagd, besuchte ihn in seinem Privathaus und führte ausgiebige Gespräche mit ihm.

Doch in dem Maße, wie sich Georgi Markov künstlerisch weiterentwickelte, wurde er den Staatsorganen unbequem. Er hatte eine satirische Ader, die er gern für bissige Seitenhiebe gegen die bulgarischen Verhältnisse nutzte. Es kam, wie es wohl kommen musste: Eines seiner Stücke wurde abgesetzt, ein zweites von der Zensur entstellt. Die Satire „Ich war er" schaffte es nicht einmal bis zur Premiere. Längst hatte sich Markovs inniges Verhältnis zu Todor Zhivkov abgekühlt und als sich 1968 nach der Zerschlagung des Prager Frühlings die Zensur noch einmal drastisch verschärfte, stand Georgi Markov vor der Entscheidung, sich entweder im Sinne des Systems zu verbiegen oder sein Vaterland zu verlassen. Er entschied sich für die Flucht in den Westen.

Nach Wanderjahren in Italien und Deutschland fasste er in Großbritannien Fuß. Er fand eine auskömmliche Arbeit als Journalist bei der BBC, heiratete eine Engländerin, wurde Vater einer Tochter. Nebenbei schrieb er

Vom Vorzeigeautor zum Staatsfeind:
Georgi Markov (1929 - 1978)

regelmäßig Beiträge für Radio Free Europe und Radio International. Das waren Sender, die in sämtlichen Ostblockstaaten empfangen werden konnten und auch eigens für deren Bürger eingerichtet worden waren. Sie fanden hier oftmals den einzigen Zugang zu den Informationen, die von den offiziellen Medien in ihren Ländern verschwiegen und verbogen wurden. Über diese Kanäle hielt Markov seine Abrechnung mit dem System, seine Abrechnung auch mit Todor Zhivkov persönlich. Er schilderte ihn als „mittelmäßigen Menschen", als „typische Figur aus einem gegenwärtigen bulgarischen Dorf oder Vorstädtchen" und bescheinigte ihm die „Frechheit eines nicht sonderlich intelligenten kleinen Diktators, den ihm unverständlichen und unzugänglichen intellektuellen Geistern zu diktieren", und zwar in den „ästhetischen Kategorien eines ausgedienten Feldwebels".

Vielleicht hat sich Markov mit solchen Sätzen sein eigenes Todesurteil geschrieben. Gerade weil Zhivkov ihm einst so nahe stand, empfand er seine Abwendung als unverzeihlichen Treuebruch. Nicht nur der Stolz des allmächtigen Diktators war verletzt, sondern auch sein Herz. Markov wusste mehr von ihm als die meisten Mitglieder seines Hofstaats, er kannte sein privates Umfeld, hatte ihn in schwachen Momenten gesehen – es war klar, er musste sterben.

In der Welt der Diktatur mochte das schlüssig sein; doch auf die Bewohner eines freien Landes, die in den Kategorien schlichter Logik denken, musste es wirken wie ein Stück aus dem Tollhaus. So war denn auch das Erstaunen groß, als sich Georgi Markov am 8. September 1978 selbst in ein Londoner Krankenhaus einwies und dem Arzt eine wilde Geschichte erzählte: Er habe gestern, als er auf dem Weg zur Arbeit war, an einer Bushaltestelle plötzlich einen Stich im Oberschenkel verspürt. Als er sich umdrehte, sah er einen Mann, der einen Regenschirm vom Boden aufhob, eine Entschuldigung murmelte und hastig in ein wartendes Taxi stieg. Seither gehe es ihm, Markov, zunehmend schlechter. Er fühle, dass er vergiftet worden sei, und das Gift könne nur von diesem Stich herrühren. Dahinter stecke der KGB, der ihn schon seit Längerem mit Mord bedrohe.

Der Arzt konnte sich ein Schmunzeln nicht verkneifen. Er kam sich vor wie in einem James-Bond-Film. Sicher, der Patient hatte Fieber, und er hatte auch eine kleine Stichverletzung am Oberschenkel, aber für eine Vergiftung gab es keinen Anhaltspunkt. Markovs Erkrankung war vermutlich eine einfache Influenza, verschärft durch einen guten Schuss Paranoia, wie sie einem Ostblockflüchtling zukam.

Doch am nächsten Tag verging dem Doktor das Schmunzeln. Markovs Zustand hatte sich drastisch verschlechtert; er musste auf die Intensivstation verlegt werden. Sollte die Geschichte mit dem Schirm doch wahr sein? Der Arzt verständigte Scottland Yard. Am 11. September 1978, drei Tage nach dem mysteriösen Anschlag, war Georgi Markov tot, und die Polizei nahm ihre Arbeit auf.

Die Ermittlungen gestalteten sich äußerst schwierig. Für den Vorfall an der Bushaltestelle gab es keine Augenzeugen. Auch die Suche nach dem Taxi, mit dem nach Markovs Aussage der Attentäter weggefahren war, blieb trotz intensiver Bemühungen erfolglos. Lange Zeit konnte man nicht einmal feststellen, woran Georgi Markov gestorben war. Die Obduktion bestätigte zwar eine Kontamination der inneren Organe, doch ein Gift konnte nicht nachgewiesen werden. Schließlich fand man in Markovs Bein eine winzigkleine hohle Platinkapsel mit zwei Öffnungen. Sie war leer – was immer darin gewesen war, es hatte sein Werk in Markovs Körper getan.

Zugleich meldete sich bei Scotland Yard ein anderer bulgarischer Dissident, Vladimir Kostov, der zehn Tage vor dem Markov-Attentat in der Pariser Metro auf ganz ähnliche Weise attackiert worden war. Er hatte mit den gleichen Symptomen wie Markov im Krankenhaus gelegen, sich jedoch nach ein paar Tagen wieder erholt; wahrscheinlich war in seinem Fall, bedingt durch stärkere Kleidungsstoffe, ein Teil des Gifts schon vorzeitig freigesetzt worden. Auch in seinem Körper fand man eine leere Kapsel mit zwei winzigen Öffnungen. Beide Kapseln waren gerade anderthalb Millimeter groß und konnten nur 0,2 Milligramm einer Flüssigkeit in ihrem Hohlraum aufnehmen. Wo in aller Welt gab es ein Gift, das schon in so geringer Dosis tödlich war?

Mit Hilfe eines international zusammengesetzten Expertenteams, das auf die biochemischen Waffen des

Kalten Krieges spezialisiert war, fand man heraus, dass es sich um Rizin handeln musste, eines der gefährlichsten Toxine der Welt, gewonnen aus dem Samen des Rizinusbaumes. Das Rizin war in die Kapsel eingebracht worden, die man daraufhin mit Wachs oder Zuckerguss versiegelt hatte. Sobald die Kapsel in den Körper des Opfers gelangte, wurde durch die Körperwärme die Versiegelung aufgelöst, und aus den beiden Öffnungen trat das freigesetzte Gift in die Blutbahn ein, zersetzte allmählich die inneren Organe und verklumpte die roten Blutkörperchen. Schon in geringsten Mengen konnte es tödlich sein, und Gegenmittel kannte man damals nicht.

Es war eine Tötungsart, die in der Tat an ein James-Bond-Szenarium erinnerte, eine Tötungsart, wie sie den Jongleuren des Kalten Krieges gefallen musste: eine unauffällige, geschickt in einem Alltagsgegenstand verborgene Waffe, ein stark verzögerter Todeseintritt und ein Gift, das man nicht nachweisen konnte. Oftmals wurde vermutlich überhaupt kein kausaler Zusammenhang hergestellt zwischen dem harmlosen kleinen Piekser, mit dem die Kapsel in den Körper des Opfers schoss, und dessen Tage später eintretendem Tod. Man wusste, dass der sowjetische KGB schon in den späten 1940er Jahren Rizin als Waffe für sich entdeckte. In bestialischen Menschenversuchen an deutschen und japanischen Kriegsgefangenen wurde der Einsatz des Giftes getestet, und im berüchtigten „Laboratorium Nr. 12" des NKWD in Moskau wurden die Substanzen und Gerätschaften entwickelt, mit denen man die Feinde der Sowjetunion zur Strecke bringen wollte. Doch der bulgarische Geheimdienst, die Darschawna Sigurnost, verfügte über derartige Waffen nicht. Stand es also tatsächlich so, wie Markov kurz vor seinem Tod vermutet hatte: dass die Russen hinter dem Anschlag steckten?

Solange der Eiserne Vorhang hielt, blieb diese Frage

ohne Antwort. Die Ermittlungen wurden zwar nie eingestellt, doch sie verliefen mehr oder weniger im Sande – bis 1989 die Wende das Zhivkov-Regime hinwegfegte und den Weg für demokratische Strukturen freigab. Jetzt schöpfte man nicht nur in London neue Hoffnung, den Fall Markov doch noch zu lösen. Kommissionen wurden gebildet, Befragungen durchgeführt, Archive erschlossen. Doch immer noch gab es starke Widerstände, die einer Aufklärung im Wege standen. Die Revolution hatte in Bulgarien vergleichsweise spät und zögernd eingesetzt, so dass den Beamten der Darschawna Sigurnost genügend Zeit geblieben war, die meisten Akten zu vernichten, so auch diejenigen zum Mord an Markov. Dennoch konnte über Querverweise aus den noch vorhandenen Akten die Identität des mutmaßlichen Attentäters ermittelt werden: Es war ein Agent namens Francesco Gullino, Italiener mit dänischer Staatsbürgerschaft, der in den 1970er und 1980er Jahren als Kunsthändler quer durch Europa reiste. Der bulgarische Geheimdienst hatte ihn einst bei einem Antiquitätenschmuggel erwischt und damit zur Mitarbeit erpresst. Am Tag des Attentats auf Markov hatte sich Gullino zweifelsfrei in London aufgehalten und war am Tag danach abgereist. Zwar ist in einigen Quellen auch noch von einem anonymen zweiten Täter die Rede, doch zumindest eine Beteiligung Gullinos an dem Anschlag gilt als sicher.

Auch auf die Hintergründe und die Auftraggeber fiel nach der Wende einiges Licht – nicht aus Bulgarien, wo die neuen Herrscher mit den alten noch immer aufs Engste versippt waren und an der Aufarbeitung der peinlichen Vergangenheit keinerlei Interesse hatten, sondern aus der zerfallenden Sowjetunion. Ein früherer KGB-Chef namens Oleg Kalugin plauderte aus dem Nähkästchen und enthüllte den Hergang des Mordkomplotts. Seiner Aussage zufolge hatten die Bulgaren 1978 der KGB-Führung angetragen, mehrere bulgarische Dissidenten, darunter auch Markov, zu liquidieren. Die Initiative sei von Todor Zhivkov höchstpersönlich ausgegangen. Der KGB hätte den Auftrag gern übernommen, doch der damalige Regierungschef Juri Andropov stellte sich quer. Er mochte derartige Mittel gar nicht und vertrat zum Verdruss seiner Genossen die Ansicht, die Zeit der politischen Morde sei vorbei. Erst nach massivem Zureden des damaligen KGB-Chefs Krjutschkov gab Andropov widerwillig grünes Licht – aber nur für technische Hilfe zur Durchführung der geplanten Aktionen; morden mussten die bulgarischen Genossen schon selbst.

Worin genau die „technische Hilfe" bestand, ging aus Kalugins Enthüllungen nicht hervor; hier blühen weiterhin die Spekulationen. Der Fall Markov ist in den Medien so vielfältig wie kontrovers dokumentiert. Die Details variieren von Quelle zu Quelle. Wurde das „Regenschirm-Attentat" tatsächlich mit einem Regenschirm ausgeführt? Im Internet kann man detaillierte Baupläne des „bulgarischen Regenschirms" studieren; auch im „Spy Museum" von Washington D. C. – das übrigens von ebendem Kalugin geführt wird, der vor Jahren so beflissen zur Aufklärung des Markov-Mordes beitrug – hat dieser Regenschirm seinen Platz unter den seltsamen Waffen des Kalten Krieges. In verschiedenen Berichten wird zudem behauptet, man hätte nach der Wende ein ganzes Arsenal an solchen präparierten Schirmen im Keller des Sofioter Innenministeriums gefunden – ein Detail, dessen Echtheit nicht mehr nachprüfbar ist.

Andererseits hatte Markov nie gesagt, dass er mit einem Schirm attackiert worden sei; er hatte lediglich einen Mann gesehen, der einen heruntergefallenen Regenschirm vom Boden aufhob. Vladimir Kostov, das zweite Opfer, hatte keinen Schirm gesehen, als man ihm in der Pariser Metro die Rizinkapsel injizierte. Er bezweifelte auch, dass Markov von einer Schirmspitze gestochen wurde, und warf mit Recht die Frage auf, warum man sich die Mühe nehmen sollte, ein derart kompliziertes Konstrukt zu erschaffen, wenn doch auch ein viel simpleres und kleineres Gerät, etwa ein präparierter Kugelschreiber, genauso gut den mörderischen Zweck erfüllte. Doch ob Regenschirm oder Kugelschreiber, sicher ist, dass sich die Vergiftung Markovs tatsächlich im James-Bond-Stil jenes Zeitalters vollzog und auf uns Heutige auch genauso wirkt: makaber, raffiniert und teuflisch, doch zugleich auch kurios und fast ein wenig parodistisch.

Die Mörder Markovs wurden nie juristisch belangt, nicht die Handlanger und nicht die Auftraggeber. Francesco Gullino, der mutmaßliche Täter, musste zwar in Dänemark ein peinliches Verhör über sich ergehen lassen, doch die Dänen ließen ihn wieder laufen, angeblich weil es an Beweisen fehlte, ihn des Mordes zu überführen. Doch zumindest die Spionage für den bulgarischen Geheimdienst war eindeutig dokumentiert und wurde von Gullino auch zugegeben. Warum man ihn dafür nicht belangte, gehört zu den Rätseln dieses Falles. In der brillant recherchierten ZDF-Reportage „Zum Schweigen gebracht" wird die Vermutung geäußert, dass sich Gullino mit dem dänischen Geheimdienst auf einen schmutzigen Deal geeinigt hatte. Doch auch dies gehört zu den James-Bond-Hintergründen, über die wir wohl nie etwas erfahren werden.

Die ZDF-Reporter spürten Francesco Gullino in Österreich auf, wo er heute unbehelligt als Kunsthändler lebt – ein schmuddeliger kleiner alter Mann, der scheinbar kein Problem mit seiner Vergangenheit hat. Natürlich gestand er die Beteiligung am Attentat auf Markov nicht ein, aber er nahm sich auch nicht die Mühe, sie mit Vehemenz zu leugnen; und während er, umgeben von Ölschinken und Trödel, nassforsch und unter viel Gelächter den Reportern nichtssagende Antworten gab, drückte seine ganze Körperhaltung das stolze Bewusstsein aus: Ihr könnt mir gar nichts.

Ähnlich reagierte Todor Zhivkov, der mutmaßliche Initiator des Mordes, als man ihn um ein Statement zum Markov-Fall bat. Nach der Wende war er verhaftet und wegen Korruption und Vetternwirtschaft zu einer Haftstrafe verurteilt worden, doch aufgrund seines vorgerückten Alters und seiner desolaten Gesundheit wandelte man alsbald die Gefängnishaft in einen komfortablen Hausarrest um. Als ein britischer Reporter den entmachteten Diktator während einer Pressekonferenz nach dem „bulgarischen Regenschirm" fragte, ging der alte Mann mit einem launigen Scherz darüber hinweg. Auch er echauffierte sich keineswegs, und auch von ihm ging das stolze Bewusstsein aus, dass die Justiz ihm nichts anhaben konnte. Ob er sich wohl noch an die Erfolgsmeldung erinnerte, die ihm einst vor vielen Jahren seinen 67. Geburtstag versüßte?

Doch juristische Verfolgung und Gefängnishaft sind nicht die einzigen Kriterien für die Sühne eines Verbrechens. Die eigentliche, ungleich schwerere Strafe liegt in der öffentlichen Schande, der Bloßstellung einer verheimlichten Tat. In diesem Sinne kann man den Fall Markov trotz aller Widersprüche und offenen Fragen bis zu einem gewissen Grade als aufgeklärt und auch als gesühnt betrachten. Kaum ein anderes Verbrechen des Kalten Krieges ist so gründlich untersucht worden wie dieses – kaum eins hat derart hohe Wellen geschlagen. Bis zum heutigen Tag erinnern sich die älteren Londoner Bürger an das Aufsehen um den „Regenschirm-

Mord". Dieses Aufsehen, das grelle Scheinwerferlicht der Öffentlichkeit, das ist die Bestrafung der Schuldigen, der Bumerang, der auf sie zurückschlägt. Millionen Menschen haben erst durch diesen Fall erfahren, zu welchen Mitteln ein totalitäres Regime greift, um seine Gegner zu beseitigen. Das wiegt weit stärker als die bloße juristische Genugtuung. Es ist nicht wichtig, ob der schmuddelige kleine Gullino im Gefängnis sitzt oder nicht; er hat sich vermutlich schon seit Jahr und Tag sein eigenes Gefängnis geschaffen. Und es ist auch nicht wichtig, dass man gegen Todor Zhivkov wegen des Mordbefehls für Markov keine Anklage erhoben hat. Wichtig ist, dass er den Zusammenbruch und die Entlarvung seines Imperiums noch bewusst erleben konnte. Seine Taten selbst haben ihn angeklagt, ihn und das System, das er repräsentierte. Die Geschichte hat ihr Urteil gesprochen.

Die Politik des großen Auftritts

Wie Ceaușescus Familienclan
Rumänien in Grund und Boden regierte

Die Geschichte vom Aufstieg und Fall des rumänischen Potentaten Nicolae Ceaușescu wäre der Verfilmung im 3D-Format würdig. Nur in den ganz großen Hollywood-schinken findet man soviel Opulenz und Schauwert, vereint mit der Dramatik großer Königstragödien, wie im Leben dieses Mannes. Große Auftritte waren sein Element, und indem er das Volk konsequent in diese Auftritte einbezog, hat er Rumänien zum dramatischsten Land des gesamten Ostblocks gemacht.

Die meisten Berichte stellen ihn als gnadenlos brutalen Diktator dar, der das Land aussaugte wie ein Vampir, um selbst im Luxus schwelgen zu können, und dessen berüchtigte Securitate ganz Rumänien mit einem Netz aus Angst und Terror überzog. Conducator, „Führer" ließ er sich nennen, eine Bezeichnung, die nicht nur bei den Deutschen äußerst ungute Assoziationen weckt, sondern auch in Rumänien, wo sich einst der profaschistische Diktator Ion Antonescu gleichfalls diesen Titel gab. Doch im Fall Ceaușescu liegen die Dinge komplizierter: Er hatte seine Herrscherkarriere durchaus nicht als Diktator begonnen, sondern im Gegenteil als Rebell gegen Moskau.

Der große Conducator: Nicolae Ceausescu (1918 - 1989)

Der Bauernsohn Nicolae Ceauşescu fand schon als junger Mann zur kommunistischen Bewegung und machte in den Aufbaujahren nach dem 2. Weltkrieg im Parteiapparat schnell Karriere. Als 1965 der damalige Generalsekretär und „starke Mann" der KPR Gheorghe Gheorghiu-Dej verstarb, wurde Ceauşescu zu dessen Nachfolger gewählt. Doch erst drei Jahre später hatte er Gelegenheit, der Welt zu zeigen, dass er gleichfalls ein „starker Mann" war. Als im Sommer 1968 die Streitkräfte des Warschauer Paktes die Tschechoslowakei besetzten und dem „Sozialismus mit menschlichem Angesicht", der unter Alexander Dubček erblüht war, mit ihren Panzern ein Ende machten, verweigerte

120

Ceauşescu als einziger Regierungschef des Ostblocks entschieden die Teilnahme seines Landes an dem schändlichen Einsatz. In kühner Rede nannte er den Einmarsch in die Tschechoslowakei einen schweren politischen Fehler und eine Gefahr für den Frieden in Europa. Er appellierte an den Nationalstolz der Rumänen und schwor sie auf schärfsten Widerstand ein für den Fall, dass die Russen es wagen sollten, auch in ihrem Land einzufallen.

Nichts hätte Ceauşescu populärer machen können als diese kämpferische Absage an Moskau. Das rumänische Volk war begeistert über soviel Mut, soviel Rückgrat, soviel unbedingten Patriotismus. Auch im Westen wurde der rumänische Held gefeiert und hofiert, mit Elogen in bedeutenden Leitartikeln, Einladungen zu Galaempfängen, günstigen Wirtschaftsverträgen für das notorisch arme Land. Staatsoberhäupter aus ganz Europa gaben sich in Bukarest die Klinke in die Hand. Für sie alle galt Ceauşescu als Hoffnungsträger.

Damals muss er zum ersten Mal den Genuss am Erfolg gekostet haben, am Höhenflug der Popularität. Die sichtbare Gewissheit, dass sein Volk ihn liebte, muss ihn berauscht haben wie eine Droge, die berühmte „Droge Macht". Von seiner Tribüne aus sah er hernieder auf ein wogendes Menschenmeer, das ihm zujubelte, ihm allein. Er hörte Sprechchöre, die seinen Namen skandierten. Junge Mädchen in bunten Trachten überreichten ihm lächelnd Geschenke. Mütter streckten ihm ihre Kinder entgegen. Er war der Größte, der gottgleich Verehrte – das wollte er sehen, das wollte er fühlen, immer wieder und wieder und wieder.

Die Folge war eine Selbstinszenierung, für die sich das Wort Personenkult schon nachgerade schwach und zahm ausnimmt. Jede Feier wurde zum Anlass für eine gigantische Ceauşescu-Show; und es wurde viel gefeiert im Rumänien jener Tage, denn neben den offiziellen Festlichkeiten wie dem Tag der Arbeit oder dem nationalen Unabhängigkeitstag waren auch die Geburtstage des Herrscherpaares Großereignisse von nationalem Rang, für die jedes Mal gewaltige Aufmärsche und Massenshows inszeniert werden mussten. Tausende von Menschen nahmen daran teil: Fabrikarbeiter, die man zu den Proben wochenlang von ihrer Arbeit freistellte, Schulkinder, für die der Unterricht ausfiel, Schauspielkomparsen und Musikanten, sie alle wurden zur lebenden Kulisse, vor der Ceauşescus Glorie erstrahlte. Sie schwangen Fahnen in ausgeklügelten Rhythmen. Sie bewarfen das Herrscherpaar mit Blumen und Konfetti. Sie ließen sich geduldig zu menschlichen Buchstaben zusammenstellen, bis quer über ein ganzes Stadion hinweg die effektvoll beleuchtete Aufschrift „Hoch lebe Nicolae Ceauşescu!" erschien. Aus tausend Kehlen schmetterten sie das Hohelied vom Großen Conducator. Immer wieder drehten sich die Tänzerinnen in ihren bunten Trachten, immer wieder sprangen glückliche rumänische Kinder über Sprungseile und Reifen. Ceauşescu konnte sich nicht daran satt sehen. Sein Gesicht, wenn er solchen Veranstaltungen folgte, spiegelte das vollkommene Glück eines Menschen, für den Allmachtstraum und Wirklichkeit zusammenfließen.

Ein wichtiger Teil der Ceauşescu-Inszenierung war seine Ehefrau und First Lady. Ceauşescu hatte seine Jugendliebe geheiratet. Lenuţa Petrescu, so ihr Mädchenname, war zwei Jahre älter als Nicolae und wie er in einer einfachen Bauernfamilie aufgewachsen. Doch als sie Frau Ceauşescu wurde, machte sie sich ein paar Jahre jünger und änderte zugleich ihren Vornamen: Aus der bäuerischen Lenuţa („Lenchen") wurde eine stolze Elena. Das konnte man noch als eine harmlose weibliche Schummelei betrachten; doch bald sollten weniger harmlose folgen. In dem Maße, wie Ceaușescu sich selbst systematisch zum Conducator stilisierte, musste auch seine Frau an Bedeutung gewinnen. Dass sie im Schlepptau seines politischen Aufstiegs ins Politbüro der KPR aufgenommen, in alle bedeutenden Parteigremien gewählt und schließlich sogar zur stellvertretenden Ministerpräsidentin erhoben wurde, genügte ihrem Ehrgeiz nicht. Sie wünschte sich neben der politischen auch eine akademische Karriere.

Lenuța Petrescu hatte die Schule schon mit vierzehn Jahren verlassen müssen; doch als Elena Ceaușescu avancierte sie zur Wissenschaftlerin von Weltruf. Sie promovierte summa cum laude in Chemie und zeichnete mit ihrem Namen hochkarätige Abhandlungen über Polymerisation und makromolekulare Verbindungen – Worte, die Lenuța vermutlich kaum hätte buchstabieren können. Elena aber brachte es zur Vorsitzenden der rumänischen Akademie der Wissenschaften und erhielt für ihre Arbeiten Ehrendiplome und Ehrendoktortitel von Universitäten aus der ganzen Welt; zuletzt waren es nicht weniger als 74. Noch heute findet man im Netz einen Artikel aus der „Zeit" vom Januar 1979, der Elena Ceaușescu höchsten Respekt zollt: Ihre politische Laufbahn, heißt es darin, mag dem Einfluss des Gatten geschuldet sein, aber soviel internationale Anerkennung als Wissenschaftlerin kann unmöglich nur politische Gründe haben. Erst nach 1989 meldeten sich die Chemiker, deren Arbeiten Elena unter ihrem eigenen Namen veröffentlicht und deren Ruhm sie gestohlen hatte.

Natürlich kostete das alles eine Menge Geld. Nicht nur jene Chemiker wollten bezahlt sein, sondern auch die Dirigenten der großen Ceaușescu-Massenshows, die Maler, die das hohe Paar auf riesigen Leinwänden verewigten, die Dichter, die in glühenden Versen den „größten Staatsmann aller Zeiten" und die „liebende Mutter der Nation" priesen. Doch die Ceauşescus ließen sich ihre Legende etwas kosten, so wie sie überhaupt gern bereit waren, die eigenen Lebensbedürfnisse in großzügigster Weise zu finanzieren. Beide unfähig zur Selbstreflexion und zur bedachtsamen Verwaltung der Machtfülle, die ihnen in die Hände gefallen war, gaben sie sich mit der ungehemmten Freude neureicher Bauern dem Luxus hin. Sie bauten oder kauften pompöse Anwesen in den Bergen und am Meer. Sie unterhielten eine Vielzahl von Dienstmädchen, Chauffeuren und Privatsekretären. Sie fuhren in Edelkarossen über Land. Elena bezog ihre Garderobe ausschließlich von den berühmten Pariser Couturiers. Nicolae hingegen, der sich selbst als Nachfahren der großen rumänischen Könige des Mittelalters sah, hatte ein Faible für historische Kostümierungen. Oft begleitete ihn auf seinen Reisen ein Tross von Reitern mit Rüstungen und Schwertern; und eines Tages ließ er allen Ernstes ein Königszepter für sich fertigen, das ihm der Präsident der Nationalversammlung in feierlicher Zeremonie als Symbol der

Das edle Paar: Nicolae und Elena Ceausescu in einer zeitgenössischen Darstellung

„Würde und Souveränität des rumänischen Volkes" überreichen musste.

Von der ganzen Inszenierung geht etwas rückhaltlos Naives aus: Nico und Lenuţa, ein Bauernpaar, das mit kindlicher Hingabe König spielt. Nur fand dieses Spiel leider nicht im dörflichen Buddelkasten statt, sondern in einem realen Staat mit einer realen Bevölkerung. Rumänien war von jeher ein armes Land, und die kommunistische Herrschaft hatte es noch ärmer gemacht. Ceauşescu wollte das gern ändern, doch sein Regierungsstil war kaum geeignet, das Nationaleinkommen zu mehren, und seine innenpolitischen Konzepte waren so simpel wie sein Kulturverständnis. Er wollte das Agrarland Rumänien in einen modernen Industriestaat verwandeln, ließ ganze Dörfer entvölkern und strukturierte alle Landkreise um; doch die Fabriken, die er bauen ließ, waren schon bei der Inbetriebnahme veraltet, und die verordnete Landflucht führte nicht nur zu Verwerfungen im Sozialgefüge, sondern letztlich auch zur Lebensmittelknappheit: Von den ohnehin schon reduzierten Erträgen der rumänischen Landwirtschaft wurde ein immer größerer Teil ins westliche Ausland exportiert, um der chronischen Devisenknappheit abzuhelfen. Für die einheimische Bevölkerung blieb dann von den Ernten nicht mehr allzuviel übrig.

Ein weiterer konzeptioneller Eckpfeiler der Ceauşescuschen Politik war das Wachstum der rumänischen Bevölkerung: In zehn Jahren, so verfügte Ceauşescu, müsse es zehn Millionen mehr Menschen in Rumänien geben als aktuell. Auch hier spürt man die Weltsicht des Bauernsohnes, der von klein auf erfahren hat, dass ein dörflicher Familienbetrieb desto besser floriert, je mehr Kinder mit anpacken, und der diese Erfahrung eins zu eins auf die politische Ebene überträgt. Mit gnadenlos restriktiven Mitteln setzte er seine Be-

125

völkerungspolitik durch. Er verordnete der rumänischen Familie nicht weniger als vier Kinder; wer dieses Soll nicht einhielt, durfte keine Verhütungsmittel benutzen. Für Abtreibungen drohten härteste Strafen, und wenn es dabei Komplikationen gab, war es den Ärzten bei Strafe verboten, den betroffenen Frauen zu helfen. Tausende von Frauen sollen an den Folgen laienhafter Aborte gestorben sein, weil sie weder in ein Krankenhaus aufgenommen noch medikamentös behandelt werden durften. Jahre später erregte ein rumänischer Spielfilm internationales Aufsehen, der die Atmosphäre der Ceaușescu-Ära eindringlich heraufbeschwor: „4 Monate, 3 Wochen und 2 Tage", die Geschichte einer illegalen Abtreibung im Bukarest der 1980er Jahre, wurde 2007 mit der Goldenen Palme von Cannes geehrt. Der zugleich spartanische und intensive, schmucklos unsentimentale und dabei doch tief einfühlsame Film hat die Auszeichnung künstlerisch sehr wohl verdient; doch wer die gesellschaftlichen Hintergründe kennt, kann sich des Eindrucks nicht erwehren, dass sie auch dem leidgeprüften rumänischen Volk gegolten hat.

Dabei ging Ceaușescus Plan durchaus bis zu einem gewissen Grade auf: Zehntausende von ungewollten Kindern kamen in Rumänien auf die Welt. Wenn ihre Eltern nicht mehr für sie sorgen konnten oder wollten, was in jenen Tagen häufig vorkam, wurden sie ins Waisenhaus abgeschoben. Waisenhäuser schossen wie Pilze aus dem Boden, die berüchtigten „Kindergulags" mit dürftigster Versorgung und Betreuung. Infolge misslungener Abtreibungsversuche kam es gehäuft auch zu Geburten von behinderten und hirngeschädigten Kindern – „die Unwiederbringlichen" hießen sie im Volk; und diese wurden ganz bewusst so gehalten, dass sie nicht lange überleben konnten. Nach dem Zusammenbruch des Ceaușescu-Regimes kamen furchtbare Zustände ans Tageslicht. Da gingen Bilder um die Welt von verdreckten, verrohten, verwahrlosten Kindern, die wie Tiere vegetierten und denen es selbst am Allernötigsten fehlte. Besonders traurigen Ruhm erlangte das Waisenhaus von Cighid nahe der ungarischen Grenze, das hauptsächlich behinderte oder verhaltensgestörte Kinder verwahrte. Sie schliefen im Winter auf der nackten Erde und waren so ausgehungert, dass sie wie Gerippe aussahen. Die Aggressiven hausten in Zwingern oder Käfigen, fletschten die Zähne und warfen mit Kot. Schon Hunderte von Kindern hatten diesen Verhältnissen nicht standgehalten und ruhten unter anonymen weißen Grabkreuzen auf dem nahe gelegenen Friedhof. Die Überlebenden konnten dank einer Welle internationaler Hilfsbereitschaft gerettet und gepäppelt werden. Doch die psychischen Schäden durch die frühkindliche Traumatisierung erwiesen sich vielfach als irreparabel.

Waren die Waisenkinder dagegen kräftig, gesund und intelligent, so hatten sie die Chance auf eine große Zukunft in Ceauşescus Machtapparat: Für die berühmte „Präsidentengarde", die Eliteeinheit der Securitate, Ceauşescus persönliche Prätorianer, wurden bevorzugt Waisenkinder rekrutiert und an einer Spezialschule ausgebildet. Die Ceauşescus wünschten sich zu ihrer Bewachung ausdrücklich Menschen, die Elternliebe und normale soziale Bindungen nicht kannten, die allein der Staat formte und erzog, die von Jugend an darauf eingeschworen wurden, im Herrscherpaar Vater und Mutter zu sehen. Auch dieser Plan ging weitgehend auf: Aus den Waisenkindern wurden fühllose Diener und Kämpfer des Regimes, die mit ihren Gegnern kein Erbarmen hatten. Der Apparat der Securitate war, bezogen auf die Bevölkerungszahl, der größte Staatssicherheitsdienst im ganzen Ostblock, und er war einer der brutalsten, besser ausgerüstet als die rumänische Armee und an keinerlei Gesetzlichkeit gebunden. Die Ceauşescus mochten in ihrer Wahnwelt zwar einerseits aufrichtig überzeugt sein, dass ihr beglücktes Volk sie liebte, doch tief in ihren Herzen fühlten sie wohl auch ein leise warnendes Misstrauen, das es ihnen notwendig erscheinen ließ, diese Liebe mit angemessener Strenge zu würzen.

Und das Misstrauen war berechtigt, denn der Bonus aus den Anfangsjahren der Ceauşescu-Herrschaft war längst aufgebraucht. Ceauşescu hatte jeden Rückhalt beim Volk verloren - er wurde nur mehr gehasst und gefürchtet. Bei den Großveranstaltungen mussten Jubelchöre und Hochrufe über Lautsprecher eingespielt werden; die Rumänen, denen es von Jahr zu Jahr wirtschaftlich schlechter ging, nahmen zwar unter dem Druck der Securitate notgedrungen an den Aufmärschen teil, doch zum Jubeln konnte man sie vor Ort nicht gut zwingen. Selbst in den Reihen der Partei- und der Armeeführung gab es Widerstand gegen Ceauşescus Führungsstil. Es kam zu mehreren Putschversuchen.

Ein harter Schlag traf Ceauşescu im Sommer 1978, als sich einer seiner engsten Mitarbeiter in den Westen absetzte. Ion Mihai Pacepa war in erster Linie stellvertretender Chef des Auslandsgeheimdienstes, doch er tanzte auf vielen Hochzeiten. Im Rang eines Generalleutnants zählte er zur Führungsriege der Securitate. Er nahm als Staatssekretär im Innenministerium an der rumänischen Regierung teil. Und er war Ceauşescus persönlicher Berater – mit einem Wort, der Prototyp des Geheimnisträgers. Es gab keinen krummen Deal, kein Internum, kein Gerücht, von dem dieser Mann nicht wusste. Der Westen rieb sich natürlich die Hände, als Pacepa mit der Begründung, er wolle einen Mordbefehl Ceauşescus nicht ausführen, um politisches Asyl in den Vereinigten Staaten bat. Noch nie war aus irgendeinem Ostblockland ein derart hochkarätiger Regierungsbeamter übergelaufen. Mit einem Schlag war der ganze Auslandsgeheimdienst, den Ceaușescu über Jahre aufgebaut hatte, vor dem „Gegner" entblößt und nicht mehr zu gebrauchen. Mehr noch: Pacepas Flucht löste einen kleinen Domino-Effekt aus, denn etliche Auslandsagenten, denen der Rückruf nach Rumänien drohte, folgten seinem Beispiel und stellten sich dem Westen zur Verfügung. Was dabei an staatlich gelenkter Kriminalität zutage trat – von der Wirtschaftsspionage über die Kooperation mit arabischen Terrororganisationen bis hin zu direkten Mordaufträgen –, zerstörte alle Illusionen, die der Westen über Ceaușescu noch hegte, und nahm ihm jeden moralischen Kredit.

Ceaușescu schäumte. Das war wieder einer dieser Hollywood-Momente in seinem Leben: der verratene König, der nach Rache lechzt. Er ließ Pacepa von einem rumänischen Gericht in Abwesenheit zum Tode verurteilen, doch die ohnmächtige Geste genügte ihm nicht, er wollte das Urteil praktisch vollstreckt sehen. Es heißt, er hätte zwei Millionen Dollar Kopfgeld auf Pacepa ausgesetzt, worauf Killerkommandos aus der ganzen Welt eine fieberhafte Jagd auf den Abtrünnigen veranstalteten. Später wurde der berüchtigte Terrorist Carlos, der bei mehr als einer Gelegenheit für die Securitate tätig war, mit der Liquidierung Pacepas beauftragt. Doch die Amerikaner hielten ihren Schatz unauffindbar verwahrt – Pacepa überlebte die Treibjagd, er schrieb mehrere Enthüllungsbücher über das Ceaușescu-Regime und konnte nach der Wende sogar als Held seine alte Heimat wieder besuchen. Zur Zeit dieses Berichts (Mai 2017) blickt er rüstig seinem 90. Geburtstag entgegen, während sein Widersacher Ceaușescu schon seit Jahrzehnten im Grabe modert.

Der Skandal verstärkte Ceaușescus unterschwelliges Misstrauen gegen Jedermann. Nur im Zusammenhalt der eigenen Familie wähnte er sich geschützt vor dem Dolchstoß des Verrats, den er immer und überall argwöhnte. Schon von jeher hatte er mit der Ungeniertheit eines Mafiabosses Familienmitgliedern fette Posten zugeschanzt. Das verstärkte sich jetzt in einem solchen Grade, dass buchstäblich der Ceaușescu-Clan Rumänien regierte. Sowohl Nicolae als auch Elena Ceaușescu stammten aus kinderreichen Familien. Es gab eine Unzahl von Geschwistern, die aufs Beste versorgt sein wollten. Dazu kamen die jeweiligen Nichten und Neffen, Onkel und Tanten, Cousins und Cousinen, Schwiegersöhne und Schwiegertöchter... ganz zu schweigen von den „guten Bekannten", die sie meist noch im Schlepptau führten. Bald lasen sich die Namensverzeichnisse der Bukarester Ministerien wie Familienaufstellungen der Petrescus und Ceaușescus.

Auch Nicolae und Elena hatten drei Kinder, doch keines von ihnen war so recht geeignet, in die elterlichen Fußstapfen zu treten. Sowohl Valentin Ceaușescu, der älteste Sohn, als auch seine Schwester Zoia zeigten wenig Interesse an der großen Politik und hielten sich nach Möglichkeit von ihren übermächtigen Eltern fern. Allein der Jüngste, Nicu, schien in Papas Augen das Zeug zum Kronprinzen zu haben. Schon in jungen Jahren machte ihn Ceaușescu zum Vorsitzenden des Jugendverbandes, dann zum Jugendminister und schließlich zum Mitglied seines Politbüros. Doch Nicu war nicht gut geartet und nutzte die Freiheit, über die er verfügte, um ein zügelloses Privatleben zu führen: Saufgelage, Glücksspiel, Frauenaffären – Nicu ließ nichts aus, was Skandal erregte. Westliche Journalisten nannten ihn einen „sozialistischen Playboy". Insbesondere sprach er exzessiv dem Alkohol zu, und wenn er im Vollrausch war, kam es immer mal zu unschönen Zwischenfällen, Prügeleien, Vergewaltigungen, tödlichen Verkehrsunfällen, die von den Eltern vertuscht werden mussten. Am Ende sah sich Papa genötigt, Nicu nach Sibiu abzuschieben, wo er als Kreissekretär der RKP agierte. Auch in diesem Teil der Geschichte steckt nicht wenig dramatisches Potenzial: hier der ehrgeizige Königsvater, der sein Reich für die Familie bewahren will, da der geliebte, aber ungeratene Sohn.

Doch in den letzten Jahren seiner Herrschaft war es, als könnten politische und menschliche Enttäuschungen Ceaușescu gar nicht mehr erreichen, als sei er ganz in seiner Wahnwelt versunken und der Realität entrückt. Je übler es um die Wirtschaft stand, desto gigantischer wurden seine Machtvisionen. Paraden und Massenveranstaltungen waren ihm nicht mehr genug – er wollte das ganze Bukarester Zentrum zu einem Monument seiner Herrschaft umbauen. Anstelle der kleinen alten Häuser und Kirchen wünschte er sich weite Alleen, gesäumt von modernen Hochhausbauten, die aus allen Richtungen einem einzigen Mittelpunkt entgegenstrebten: dem Parlamentspalast, seinem Königssitz.

Bukarest war einst eine schöne Stadt – das „Paris des Ostens" wurde es genannt. Doch in Ermangelung jedweder Pflege und Sanierung war die historische Bausubstanz marode, und im Jahre 1977 hatte ein großes Erdbeben sie noch zusätzlich geschädigt. Ceaușescu ließ die ganze Altstadt niederreißen und strukturierte sie vollkommen neu. Kirchen, Synagogen und historisch bedeutende Bürgerhäuser fielen der Abrissbirne zum Opfer, dazu etwa 40.000 Wohnungen, deren Mieter zwangsweise umgesiedelt wurden. Schon vor Jahren hatte die Ceaușescu-Regierung ein ehrgeiziges Wohnungsbauprogramm beschlossen. Es sollte den Bukarester Werktätigen moderne und komfortable Wohnungen bescheren, doch die Häuser, die tatsächlich im Bukarester Zentrum entstanden, waren von Komfortabilität weit entfernt. Es waren genormte Hochhäuser im stalinistischen Zuckerbäckerstil. Kein einziges von ihnen wurde an die Kanalisation angeschlossen; dafür hatte es nicht mehr gereicht. Wollten die Bewohner ihre natürlichen Bedürfnisse befriedigen, so mussten sie zum Plumpsklo hinters Haus gehen. In den 1980er Jahren wurde infolge der Mangelwirtschaft der elektrische Strom rationiert. Oft verbrachten die Bukarester ihre Abende ohne Heizung und ohne Licht. Wahrer Wohnluxus sieht anders aus.

Alles, was das bitterarme Land an Luxus aufzubieten hatte, floss in den Palast, Ceaușescus Königssitz, der einer Kathedrale gleich das Bukarester Stadtzentrum dominiert. Es ist ein Bauwerk der Superlative, nach dem Washingtoner Pentagon das zweitgrößte Verwaltungsgebäude der Welt. Der Komplex enthält mehr als fünftausend Räume, davon etwa 30 repräsentative Säle, zum Teil in der Größe von Fußballfeldern. Die Böden sind von edelstem Marmor, die Türen und Wandtafeln von edelstem Holz, die Lüster von edelstem Kristall. Während der 1980er Jahre waren Hunderte von Architekten mit der Planung des Gebäudes beschäftigt, Zehntausende von Arbeitern mit dem Bau. Ceaușescu nahm an der Realisierung des Projektes wärmsten Anteil. Fast täglich besuchte er die riesige Baustelle, unersättlich fasziniert vom Wachsen und Werden seiner persönlichen Akropolis und immer neue Ausschmückungen fordernd. Bis zu 40 % des Nationaleinkommens soll das Lieblingsspielzeug des Diktators alljährlich verschlungen haben, insgesamt mehr als drei Milliarden Euro. Heute beherbergt der Palast den rumänischen Senat, die Abgeordnetenkammer, die Polizei- und Zollbehörden, ein Konferenzzentrum, ein Museum und diverse Geschäftsfirmen. Trotzdem wird nur ein Teil des Gebäu-

Ceaușescus Denkmal für die Ewigkeit:
Parlamentspalast in Bukarest

des genutzt, der gewaltige Rest steht leer. Auch die staunenden Touristen bekommen während der Palastführungen gerade 5 % der Räumlichkeiten zu Gesicht, obwohl sie stundenlang darin unterwegs sind. Das Haus ist der Stein gewordene Größenwahn.

Vielleicht hat gerade dieses Bauprojekt, das die letzten Ressourcen des Landes verschlang, das Schicksal seines Initiators besiegelt. Die abstruse Verschwendung machte das Maß für die Rumänen voll – die Grenze des Erträglichen war erreicht. Als sich im Herbst 1989 die Völker Osteuropas gegen die kommunistische Diktatur erhoben, brachen auch in Rumänien Aufstände aus. Ceaușescu ging mit Waffengewalt gegen die Aufständischen vor, die er in völliger Unkenntnis der allgemeinen Stimmung und Lage für eine lächerliche Minderheit hielt. Der Gedanke, dass es ihm selbst so ergehen könnte wie seinen Amtskollegen in den Nachbarländern, schien ihn gar nicht zu berühren. Während es im ganzen Land brodelte und kochte, fuhr er seelenruhig auf Staatsbesuch in den Iran; und als er heimkam, berief er vor dem Gebäude des KPR-Zentralkomitees eine Großkundgebung ein.

Arglos leutselig trat er hinaus auf den Balkon, um wie so oft zu seinem Volk zu sprechen. Es wurde sein letzter öffentlicher Auftritt, und er setzte allem die Krone auf, was der Mann an großem Kino zu bieten hatte. Ceaușescu begann eine stereotype Rede, wurde hier und da von seinen Getreuen sogar stereotyp beklatscht; doch schon nach wenigen Minuten brach sich machtvoll der Volkszorn Bahn und fegte einem Sturmwind gleich sämtliche Stereotypen hinweg. Die Menschen buhten, pfiffen, fluchten, trampelten mit ihren Stiefeln auf den Jubelspruchbändern herum. Man muss die Miene sehen, mit der Ceaușescu auf die brodelnde Menge herniederblickte: Sie spiegelte Ratlosigkeit, Schrecken, Verwirrung, doch vor allem Erstaunen, maßloses Erstaunen über das, was ihm hier geschah. War dies nicht mehr sein geliebtes und ihn liebendes Volk? War er nicht mehr der große Conducator? Schauspieler sollten diese Miene studieren: So blickt ein Mann, der die Kulissen einer schönen Traumwelt zusammenstürzen sieht und dahinter die brutale Wirklichkeit wahrnimmt.

Der Rest ist Geschichte, und zwar im wahrsten und gewaltigsten Sinne des Worts. In allen Ostblockländern waren die kommunistischen Systeme, getragen nur mehr von kraftlosen alten Männern, wie Kartenhäuser zusammengeklappt; man sprach von „friedlichen", „gewaltlosen" oder „samtenen" Revolutionen. Allein in Rumänien wurde der Umbruch von verzweifelten Kämpfen begleitet, die Tausende von Todesopfern forderten. Die Securitate hielt zu Ceaușescu, während der Innenminister sich weigerte, die Armee gegen das eigene Volk einzusetzen, und diese Weigerung mit dem Leben bezahlte. Am Ende musste das Präsidentenpaar in einem eiligst herbeigeschafften Hubschrauber vor dem Zorn des Volkes fliehen.

Schon nach wenigen Tagen war der Kampf zugunsten

der Aufständischen entschieden. Die Ceauşescus wurden gefangen genommen und nach einem kläglichen Pro-Forma-Prozess in Targovişte an die Wand gestellt. Übrigens scheint Elena Ceauşescu im Gegensatz zu Nicolae bis zur letzten Sekunde in den Kulissen ihrer Traumwelt agiert zu haben. Noch die Soldaten des Erschießungskommandos soll sie vorwurfsvoll gefragt haben, ob sie denn nicht wüssten, dass sie, Elena, ihrer aller Mutter sei.

Mit dem packenden Finale von Targovişte ging die große Ceauseşcu-Show zu Ende - die Ära der bunten Massenaufmärsche, der flammenden Volksreden vom Balkon, der Königsdramen im Hintergrund. Die Stars waren abgetreten, die Scheinwerfer erloschen, und die Bühnenarbeiter beeilten sich, die alltägliche Ordnung wiederherzustellen.

Der Besitz der Ceausescus kam unter den Hammer: Nobelkarossen, Staatsgeschenke, Elenas Nerzmäntel, Nicolaes Königszepter, alle Requisiten der Ceauşescu-Herrschaft wurden an betuchte Ausländer verhökert, auf dass der Erlös wieder die Staatskasse fülle, die das Paar so gründlich geplündert hatte. Man verjagte und bestrafte den Ceauşescu-Clan; auch Nicu Ceauşescu, der ungeratene Kronprinz, der noch bis zuletzt in Sibiu auf Demonstranten hatte schießen lassen, wurde vor Gericht gestellt und verurteilt. Doch die Natur hatte bereits eine weitaus drastischere Strafe über ihn verhängt: Im Alter von nur 45 Jahren starb Nicu elend an Leberzirrhose.

Die Ceauşescus gingen, ihr Erbe aber blieb. Es blieben die gesellschaftlichen Machtstrukturen, die Seilschaften des weitverzweigten Spitzelsystems, die hartnäckig und schwer zu zerschlagen sind. Es blieb die Armut: Bis heute hat sich Rumänien von der systematischen Misswirtschaft durch den Ceauşescu-Clan wirtschaftlich nicht erholt. Und es blieb der Palast, Ceauseşcus Königspalast, seine persönliche Akropolis. Das rumänische Parlament hat sich nach jahrelangen Debatten gegen den Totalabriss entschieden. Einer Kathedrale gleich dominiert das gigantische Bauwerk die Bukarester Innenstadt und erinnert die Rumänen jeden Tag an das große Kino ihres einstigen Diktators, das sie noch heute finanzieren müssen.

Über diese Publikation

Der vorliegende Band wurde zusammengestellt aus verschiedenen, im Laufe der Jahre gelegentlich entstandenen Blogaufsätzen, deren thematische Klammer verheimlichte Ereignisse aus der Zeit des Kalten Krieges sind. Die Berichte wollen diese Ereignisse weder analysieren noch näher erforschen; sie liefern lediglich eine Übersicht und Basisinformation zu den Fakten, denn obwohl alle hier aufgeführten Begebenheiten sehr bekannt sind, gibt es noch immer viel zu viele Menschen, speziell unter den Jüngeren, die zumindest von einigen nie gehört haben.

Da die Fälle im Internet und in den Medien überaus vielfältig dokumentiert sind, wird auf Quellenangaben verzichtet. Erwähnt sei jedoch, dass sich die öffentlich-rechtlichen deutschen Fernsehsender in besonders verdienstvoller Weise um die Aufarbeitung von Kommunismusgeschichte bemühen und dass die Filmreportagen und -dokumentationen, die dabei entstanden sind, die wichtigste Hilfe bei der Arbeit an der vorliegenden Publikation waren. Sie seien dem Leser hiermit zur vertiefenden Information empfohlen.

Tanja Stern, Mai 2017

Über die Autorin

Tanja Stern, geboren 1952 in Ostberlin, Studium der Theaterwissenschaften, danach Jobs als Redakteurin, Buchhändlerin und Sekretärin. 1981-84 Literaturinstitut Leipzig. 1985 literarisches Debüt mit dem Erzählungsband "Fern von Cannes" (Buchverlag Der Morgen). Tanja Stern lebt als freie Autorin in Wildau bei Berlin. Sie schreibt Prosa, Kinderbücher, Essais und Filmscripts. Ihr Schwerpunkt liegt auf historischen Recherchen zur DDR- und Kommunismusgeschichte, die sie auch in dem autobiographischen Bericht "Der Apparat und die Seele" aufgearbeitet hat.

Tanja Stern, Mai 2017

Inhalt

31352817R00085

Printed in Poland
by Amazon Fulfillment
Poland Sp. z o.o., Wrocław